उदात्त के विषय में

वाणी प्रकाशन
21-ए, दरियागंज, नई दिल्ली-110002
फोनः 23273167, 23275710
e-mail : vani_prakashan@yahoo.com
vani_prakashan@mantraonline.com

उदात्त के विषय में

(लोंगिनुस के कला-सिद्धान्तों का अध्ययन और
'पेरि इप्सुस' का हिन्दी अनुवाद)

भूमिका

निर्मला जैन

अनुवाद

गद्य : निर्मला जैन

पद्य : भारत भूषण अग्रवाल

वाणी प्रकाशन का लोगो
विख्यात चित्रकार मकबूल फ़िदा हुसेन की
कूची से

ISBN : 978-81-8143-089-2

वाणी प्रकाशन
21-ए, दरियागंज, नयी दिल्ली-110002
द्वारा प्रकाशित

संस्करण : 2004

मूल्य : 200.00

शुभम् ऑफसेट, शाहदरा, दिल्ली-110032
में मुद्रित

UDATT KE VISHYA MEIN
by Dr. Nirmala Jain

प्रस्तुत संस्करण

लगभग तीन दशक तक अनुपलब्ध रहने के बाद यह पुस्तक पुनः प्रकाशित हो रही है। मेरे लिए यह सुख और संतोष का विषय है। इसके लम्बे समय तक अनुपलब्ध रहने के अनेक कारण रहे, पर विडम्बना यह कि उसकी ज़िम्मेदारी किसी पर नहीं है। बहरहाल, इस बात की तरफ ध्यान दिलाते ही अरुण महेश्वरी ने जिस उत्साह से इसका पुनः प्रकाशन किया, उसके लिए वे मेरी शुभाशंसा के पात्र हैं।

कुछ भाषिक परिवर्तनों के साथ यह लगभग अपने अविकल मूल रूप में एक बार फिर पाठकों को समर्पित है।

निर्मला जैन

2004-गुड़गाँव

आमुख

प्लेटो, अरस्तू और लोंगिनुस पाश्चात्य सौन्दर्यशास्त्र और साहित्यशास्त्र के मूलाधार हैं। कला और साहित्य के प्रत्येक अध्येता के लिए इन आदि चिन्तकों की कालजयी कृतियों का परिचय आवश्यक है। इसी उद्देश्य से प्रेरित होकर मैंने लगभग पाँच वर्ष पूर्व 'प्लेटो के काव्य-सिद्धान्त' नामक पुस्तक लिखी थी। लोंगिनुस की कृति 'उदात्त के विषय में' सम्बन्धी यह अध्ययन उसी क्रम का दूसरा प्रयास है।

'पेरि इप्सुस' का डब्ल्यू. रीज़ रॉबर्ट्स कृत अंग्रेजी अनुवाद 'लोंगिनुस ऑन दि सब्लाइम' (1899 ई.) एक लम्बे अरसे तक विद्वत्-समाज में विशेष लोकप्रिय और मान्य रहा है। लोंगिनुस के उपलब्ध हिन्दी अनुवाद का आधार भी यही ग्रन्थ है। किन्तु मैंने जब अन्य उपलब्ध अंग्रेजी अनुवादों को एकत्र कर तुलनात्मक अध्ययन आरम्भ किया तो शीघ्र ही एक नए हिन्दी अनुवाद की आवश्यकता प्रतीत हुई। लोंगिनुस के मूल पाठ को लेकर अंग्रेजी अनुवादकों में भी पर्याप्त मतभेद है। लोंगिनुस के किसी भी अध्येता के लिए इस बात को ध्यान में रखना बहुत जरूरी है। प्रस्तुत अनुवाद इसी आवश्यकता की पूर्ति का विनम्र प्रयास है।

'दि लोअब क्लासिकल लाइब्रेरी' सीरीज के अन्तर्गत प्रकाशित लोंगिनुस का हैमिलटन फ़ाइफ़ कृत अनुवाद (1927 ई.) रीज़ रॉबर्ट्स कृत अनुवाद का परवर्ती है और मुझे अनेक कारणों से अधिक ग्राह्य भी प्रतीत हुआ। मैंने अपना अनुवाद इसी अंग्रेजी-अनुवाद के आधार पर प्रस्तुत किया है। इसके अतिरिक्त ए.डी. प्रिकर्ड और 'पेंगुइन क्लासिक्स' सीरीज़ में सद्यः प्रकाशित टी.एस. डौर्श के अनुवादों से भी यथास्थान सहायता ली गई है। जहाँ रीज़ रॉबर्ट्स के अनुवाद से विशेष अन्तर दिखाई पड़ा वहाँ सर्वत्र पाद टिप्पणियों में हैमिलटन फ़ाइफ़ के बाद रीज़ रॉबर्ट्स के अनुवाद से मूल पाठ को उद्धृत कर दिया गया है।

लोंगिनुस की कृति प्राचीन काव्य के अवतरणों से समृद्ध है, जिसका गद्यानुवाद मूल कृतियों के साथ किंचित् अन्याय प्रतीत हुआ। इसलिए मैंने उद्धृत काव्यांशों के पद्यानुवाद प्रस्तुत करने का संकल्प किया और इस कार्य को मेरे अनुरोध पर कवि बन्धु डॉ. भारतभूषण अग्रवाल ने सहर्ष सम्पन्न किया, जिसके लिए मैं हृदय से उनके प्रति कृतज्ञ हूँ।

अनुवाद के दौरान सबसे पहली सामने आनेवाली कठिनाई शीर्षक सम्बन्धी

थी। लोंगिनुस की कृति का ग्रीक नाम 'पेरि इप्सुस' है, जिसे अंग्रेजी में प्रायः 'ऑन दि सब्लाइम' कहा जाता है। लोंगिनुस के 'उदात्त' के विवेचन का दायरा बहुत व्यापक है जिसमें काव्य के अतिरिक्त इतिहास, धर्म ग्रन्थ, दर्शनशास्त्र, भाषण आदि का भी समावेश है। ग्रन्थकार की मूल चेतना की रक्षा के लिए मुझे 'उदात्त' को काव्य तक सीमित करने की अपेक्षा 'उदात्त के विषय में' जैसी व्यापक संज्ञा मूल के निकट अतः अधिक उपयुक्त प्रतीत हुई।

दूसरी समस्या ग्रीक नामों के उच्चारण की थी। हिन्दी में प्रायः ग्रीक नामों के अंग्रेज़ी उच्चारण ही प्रचलित हैं। मैंने प्लेटो, अरस्तू, होमर आदि के उच्चारण तो प्रचलन के अनुरोध से वही रहने दिए किन्तु अन्य अल्पज्ञात नामों के यथासम्भव प्राचीन ग्रीक उच्चारण देने का प्रयत्न किया है। इस सम्बन्ध में मैंने नई दिल्ली ग्रीक चांसरी की सहायता ली है। राजनयिक कार्यों में व्यस्त रहते हुए भी ग्रीक चांसरी के श्री नोमेकोस और उनके सहयोगियों ने इस कार्य में मेरी जो सहायता की उसके लिए कृतज्ञ हूँ।

उनका कहना है कि अंग्रेज़ी अनुवादों में उच्चारण की सुविधा के लिए अनेक प्राचीन ग्रीक नामों का रूप-परिवर्तन कर दिया गया है। अतः कुछ नामों में अंग्रेज़ी वर्तनी का उल्लंघन कर मूल ग्रीक उच्चारणों को ही लिया गया है। कतिपय ग्रीक ध्वनियों के सम्बन्घ में भी ऐसी ही कठिनाई पेश आई। ऐसे स्थलों पर समानान्तर हिन्दी ध्वनियों के अभाव में निकटतम ध्वनियों का प्रयोग कर लिया है। अपनी ओर से पूरी सावधानी बरतने के बावजूद यह असम्भव नहीं है कि इस विषय में कहीं मतभेद की गुंजाइश रह गई हो। ऐसी भूलों का पूरा दायित्व मुझ पर होगा।

अनुवाद के अतिरिक्त प्रस्तुत पुस्तक में भूमिका-स्वरूप लोंगिनुस के विचारों का विस्तृत अध्ययन भी संलग्न है जिसमें, आशा है, हिन्दी पाठकों को निश्चय ही लोंगिनुस सम्बन्धी कुछ नई और विचारोत्तेजक सामग्री प्राप्त होगी। भूमिका के विषय में इससे अधिक यहाँ कहना अनावश्यक है।

निर्मला जैन

दिल्ली
दीपमालिका 1970

भूमिका

- कृतिकार, कृति और रचनाकाल
- लोंगिनुस की विवेचन-शैली
- उदात्त के स्रोत
- उदात्त का स्वरूप
- उदात्त का प्रभाव : आनन्द
- प्रतिभा का महत्त्व
- यथार्थ का आग्रह
- बिम्ब और कल्पना
- लोंगिनुस : व्यावहारिक आलोचक के रूप में
- लोंगिनुस और रोमांटिक आलोचना
- लोंगिनुस और नई समीक्षा
- मूल्यांकन और प्रासंगिकता

1

पाश्चात्य साहित्यशास्त्र के इतिहास में प्लेटो और अरस्तू के बाद तीसरा महत्त्वपूर्ण नाम 'लोंगिनुस' (लोंजाइनस) है जिनका ग्रन्थ 'पेरि इप्सुस' अर्थात् 'उदात्त के विषय में' अरस्तू के काव्यशास्त्र के समान ही पाश्चात्य साहित्यशास्त्र का मूलाधार माना जाता है।

'पेरि इप्सुस' के बारे में विडम्बना यह है कि बाद में यह ग्रन्थ जितना सम्मानित हुआ, आरम्भ में उतना ही उपेक्षित रहा। सोलहवीं सदी से पहले न तो कहीं इसका उल्लेख मिलता है और न उद्धरण। यही नहीं बल्कि ग्रन्थ की पाण्डुलिपि भी अप्राप्य थी। शताब्दियों तक विस्मृति के गर्भ में पड़े रहने के बाद 'पेरि इप्सुस' पहली बार 1554 ई. में प्रकाश में आया और वह भी अपूर्ण एवं खण्डित रूप में। जिसका अनुमानतः लगभग एक तिहाई भाग लुप्त है और इसके रचयिता के रूप में ग्रन्थ पर जिस 'दिओनीसिउस लोंगिनुस' का नाम अंकित है उसकी ऐतिहासिकता आज तक विवादास्पद है।

19वीं सदी के आरम्भ तक सामान्य धारणा यही थी कि 'पेरि इप्सुस' का रचयिता वही 'लोंगिनुस' है जो ईसा की तीसरी शताब्दी (213-72 ई.) में पालमीरा की रानी ज़ेनोबिया का इतिहास-प्रसिद्ध मन्त्री था और जिसने पालमीरा के विद्रोह के दमन के बाद अपनी रानी के लिए स्वयं वीरगति का वरण किया। ग्रन्थ की सनसनीखेज खोज और रोमांचक विषयवस्तु के साथ रचनाकार के रूप में इस 'लोंगिनुस' की रोमांचक कहानी का कुछ ऐसा तालमेल बैठा कि इंग्लैण्ड और फ्रांस के 17वीं-18वीं सदी के विद्वानों को इसे ज्यों-का-त्यों स्वीकार कर लेने में कोई एतराज नहीं हुआ। यहाँ तक कि बाद में भी स्कॉट-जेम्स जैसे कुछ विद्वान उस परम्परा का मोह त्यागने में असमर्थ दिखते हैं। इस दृष्टि से स्कॉट-जेम्स का यह भावोच्छ्वसित कथन उल्लेखनीय है, "इतिहास इस विश्वास से एक नई दीप्ति के साथ जगमगा उठता है कि 'पेरि इप्सुस' का लेखक और कोई नहीं बल्कि वही लोंगिनुस है जिसने महारानी ज़ेनोबिया की निष्ठा के साथ सेवा की थी। जब हमें पता चलता है कि इस निबन्ध का रचयिता पालमीरा का वीर था तो हमारी दृष्टि में ग्रन्थ का मूल्य और बढ़ जाता है। इसी प्रकार यह जान लेने के बाद कि प्रस्तुत निबन्ध के लेखक ने पालमीरा नगर की निर्माण-योजना के निर्देशन में योग दिया

था, पालमीरा का आकर्षण भी बढ़ जाता है।"[1]

किन्तु जैसा कि स्वयं स्कॉट-जेम्स ने लिखा है, 19वीं सदी की तथ्यान्वेषिणी बुद्धि ने इस रोमांचक कहानी की सारी रंगीनी 'बिगाड़ दी'। परम्परागत कहानी के विरुद्ध पहली आपत्ति यह उठी कि ज़ेनोबिया का इतिहास प्रसिद्ध मन्त्री केसिअस लोंगिनुस था जब कि 'पेरि इप्सुस' का रचयिता दिओनीसिउस लोंगिनुस है और यह अन्तर इतना नगण्य नहीं कि आँख मूँदकर दोनों को एक मान लिया जाय। प्रोफेसर डब्ल्यू रीज़ रॉबर्ट्स ने वर्षों के अथक शोध कार्य के बाद 1899 ई. में 'लोंगिनुस ऑन द सब्लाइम' नाम से 'पेरि इप्सुस' का वैज्ञानिक संस्करण प्रस्तुत करते हुए ठोस तथ्यों के आधार पर यह मान्यता सामने रखी कि इस ग्रन्थ का रचयिता तीसरी सदी का इतिहास प्रसिद्ध लोंगिनुस निश्चय ही नहीं था। परम्परागत मान्यता के खण्डन के बाद स्वभावतः वास्तविक लोंगिनुस की खोज शुरू हुई। और बहिःसाक्ष्य के अभाव में नितान्त अन्तःसाक्ष्य के आधार पर पाया गया कि 'पेरि इप्सुस' का रचयिता लोंगिनुस कोई अज्ञात नाम ग्रीक लेखक है जो ईसा की पहली सदी में रोम में निवास करता था। प्रोफेसर रीज़ रॉबर्ट्स के अतिरिक्त 'लिटररी क्रिटिसिज़्म इन एंटिक्विटी' (1932 ई.) के यशस्वी लेखक प्रोफेसर जे. डब्ल्यू. एच. एटकिन्स भी इस मत के समर्थक हैं और अब पाश्चात्य साहित्यशास्त्र के इतिहास ग्रन्थों में यही मत परिनिष्ठित हो चला है।[2]

'पेरि इप्सुस' ही लोंगिनुस का एकमात्र और सर्वोत्तम जीवन-चरित है। इसके अतिरिक्त न तो इस लेखक की कोई कृति प्राप्त है और न इससे बाहर उसके बारे में कोई जानकारी। यदि जीवन सम्बन्धी तथ्यात्मक ब्यौरों की माँग न की जाय तो इस ग्रन्थ से रचनाकार का एक निश्चित व्यक्तित्व बड़ी स्पष्टता के साथ उभरकर सामने आता है जो बड़ा ही आकर्षक है। यह भी एक विडम्बना ही है कि जिस ग्रन्थ का रचनाकार नितान्त अज्ञात है उसी पर रचनाकार के व्यक्तित्व की छाप इतनी गहरी है। एक साहित्यशास्त्र के ग्रन्थ के लिए यह कुछ अनोखी बात है। व्यक्ति रूप में अज्ञात रहकर भी व्यक्तित्व के रूप में लोंगिनुस 'पेरि इप्सुस' की हर पंक्ति में विद्यमान है। प्लेटो के सुकराती संवादों के अतिरिक्त यह विशिष्टता पहली बार 'पेरि इप्सुस' में ही दृष्टिगत होती है। 'पेरि इप्सुस' का लोंगिनुस एक ऐसा ग्रीक युवक है जिसका चित्त ग्रीक संस्कृति और साहित्य के बीते हुए स्वर्ण युग के गौरव से पूर्णतः आप्लावित है। वह होमर, दिमोस्थेनीस, सोफ़ोक्लीस, एस्खीलुस, एरीपीदिस, हिरोदोतुस, थूकिदीदिस, प्लेटो आदि ग्रीक कवियों, नाटककारों, वक्ताओं, इतिहासकारों और दार्शनिकों की ओजपूर्ण वाणी से इतना अभिभूत है कि वह उस युग को वापस ले आने के लिए आकुल है। इन सबमें भी वह विशेष प्रभावित है प्लेटो से—प्लेटो की तर्कशक्ति से उतना नहीं जितना उसकी काव्यात्मक उड़ान और ऊँची आदर्शवादिता से। 'पेरि इप्सुस' का रचयिता

लोंगिनुस ग्रीक साहित्य के अतिरिक्त एक हद तक हिब्रू साहित्य से परिचित होता प्रतीत होता है। उसके मन में अपने पतनशील युग के लिए गहरी वेदना है और उस पतनशील युग के ओछे और आडम्बरपूर्ण वक्ताओं, आलंकारिकों तथा कवियों के प्रति चरम विरक्ति। वह अपने युग की पतनोन्मुख प्रवृत्तियों का भरसक अतिक्रमण करने के लिए व्याकुल दिखाई पड़ता है। अरस्तू की शास्त्र-गम्भीर व्यवस्था-प्रियता, होरेस की दुनियादारी तथा अन्य वक्तृत्व-शास्त्रियों की क्षुद्रता की पृष्ठभूमि में लोंगिनुस का जिन्दगी से लबरेज़ खुलापन, उद्दाम आवेग, आग्रहहीन सहृदयता, उदात्त धारणा और गहरा नैतिकबोध अपनी विशिष्ट छाप छोड़ जाता है।

'पेरि इप्सुस' अपने वर्तमान अपूर्ण और खण्डित रूप में एक छोटी-सी कृति है जो छोटे-छोटे 44 अध्यायों या अनुच्छेदों में विभक्त है। आरम्भ के आठ अध्यायों को ग्रन्थ की 'भूमिका' कहा जा सकता है। इस भूमिका में लेखक पहले यह बतलाता है कि यद्यपि उससे पहले कैकिलिउस 'उदात्त' पर एक निबन्ध लिख चुका है फिर भी उस विषय पर पुनर्विचार करना आवश्यक है क्योंकि उसमें उदात्त के अनुरूप भावों को कोई स्थान नहीं दिया गया है और इसलिए वह अपूर्ण एवं असन्तोषप्रद है। फिर अपना प्रयोजन स्पष्ट करते हुए लोंगिनुस यह कहता है कि मैं उस 'मूलभूत उत्कृष्टता' की ओर संकेत करना चाहता हूँ जिसके कारण महान कवि और लेखक अमर यश के अधिकारी बने हैं। इसके बाद उदात्त का भ्रम पैदा करनेवाले प्रचलित वागाडम्बर और भावाडम्बर की कड़ी आलोचना और इसके मूल में निहित नवीनता की खोज का प्रतिषेध किया गया है। तदुपरान्त नैसर्गिक प्रतिभा और कला-सम्बन्धी अभ्यास के सम्बन्धों का विवेचन है। इस भूमिका के अन्तिम आठवें अध्याय में लोंगिनुस 'उदात्त' के पाँच स्रोतों का उल्लेख करते हुए आगे ग्रन्थ में क्रमशः इन्हीं पर विचार करने की घोषणा करता है।

इस क्रम में अध्याय संख्या 8 से 15 तक 'महान और पुष्ट विचारों के धारण की क्षमता' के विवेचन की योजना है। द्वितीय स्रोत 'प्रबल भावावेग की प्रेरणा' का विवेचन एक स्वतन्त्र ग्रन्थ के लिए स्थगित करने की सूचना देते हुए आगे 16वें से 29वें अध्याय तक उदात्त में योग देनेवाले प्रश्न, विपर्यय, व्यतिक्रम, रूप-परिवर्तन, सार, पर्यायोक्ति आदि अलंकारों का निदर्शन है। 30वें से 38वें अध्याय तक शब्द-चयन रूपकादि एवं भाषा की सज्जा-समृद्धि पर विचार किया गया है। 39वें और 40वें अध्यायों में उदात्त के पाँचवें और अन्तिम स्रोत गरिमा और ऊँचाई के समग्र प्रभाव का विवेचन है। इन पाँचों स्रोतों पर विचार करने के बाद लेखक 41वें से 43वें अध्याय तक एक बार फिर उदात्त की सिद्धि में बाधक छन्द, लय तथा शब्द-प्रयोग सम्बन्धी दोषों के विवेचन की ओर लौटता है। अन्त में 44वें अध्याय में उदात्त के ह्रास के नैतिक कारणों पर प्रकाश डाला गया है। समूचा ग्रन्थ पोस्तुमिउस तेरेन्तिआनुस नामक किसी युवा रोमन मित्र या शिष्य को

सम्बोधित करते हुए एक पत्र के रूप में लिखा गया है। यह है 'पेरि इप्सुस' की संक्षिप्त रूपरेखा।

किन्तु इस रूपरेखा से ग्रन्थ के गुण और महत्त्व का सही अनुमान नहीं हो सकता; क्योंकि यह तो एक भाव-सुन्दर मांसल रूप का कंकाल मात्र है। 'पेरि इप्सुस' वस्तुतः साहित्यशास्त्र का कोई गुरु-गम्भीर शास्त्रीय ग्रन्थ नहीं बल्कि एक जीवन्त कृति है जिसकी दस-बारह पंक्तियाँ पढ़ते ही प्राचीन ग्रीक-रोमन साहित्यशास्त्र का पाठक जैसे एक नई दुनिया में पहुँच जाता है।[3] इसका एक कारण तो यही है कि यह अरस्तू के काव्यशास्त्र की तरह कक्षा में छात्रों को पढ़ाने के लिए 'नोट्स' के रूप में नहीं बल्कि एक मित्र को पत्र के रूप में लिखा गया है। किन्तु पत्र-शैली इसकी जीवन्तता का पूरा विवरण नहीं है क्योंकि पत्र-शैली में तो होरेस ने अपनी 'आर्स पोएटिका' अर्थात् 'काव्य-कला' भी लिखी है। और होरेस के पाठकों से यह बात छिपी नहीं कि वह सूत्रबद्ध ग्रन्थ कहने के लिए ही पत्र है। कहना न होगा कि पत्र-पत्र में अन्तर होता है और लोंगिनुस का पत्र अपने लेखक के व्यक्तित्व के अनुरूप आत्मीयता, अनौपचारिकता, जिन्दादिली के साथ ही सुरुचि, सहृदयता, आग्रहहीनता, उदारता आदि मानवीय गुणों से परिपूर्ण एवं आप्लावित है।

'पेरि इप्सुस' की जो दूसरी विशेषता संक्षिप्त रूपरेखा में नहीं आ सकती, वह है काव्य और गद्य के चुने हुए उद्धरणों की प्रचुरता जो ग्रन्थ की बुनावट में आद्योपान्त व्याप्त है। ये उद्धरण इतने अधिक हैं कि 'पेरि इप्सुस' अनायास ही एक सुरुचिपूर्ण संकलित काव्य-चयन बन गया है। लगता है जैसे कोई सहृदय रसिक अपने समय-समय पर पढ़े हुए ग्रन्थों के सर्वोत्तम अंशों का आस्वाद करा रहा हो। लोंगिनुस की यह कृति इस दृष्टि से भी अरस्तू और होरेस के सैद्धान्तिक ग्रन्थों से विशिष्ट है।

'पेरि इप्सुस' की एक अन्य विशेषता है विषय-क्षेत्र की व्यापकता। वह अरस्तू के काव्यशास्त्र के समान प्रचलित अर्थ में केवल काव्यशास्त्र का ग्रन्थ नहीं है। उसमें केवल काव्य-चर्चा नहीं है। यहाँ विचार-परिधि में कविता के साथ गद्य का भी समावेश है और गद्य का भी विस्तार इतिहास, दर्शन, धर्मग्रन्थ से लेकर भाषण तक है। लोंगिनुस की कल्पना उदात्त की खोज में यदि एक ओर होमर एवं सैफ़ो जैसे कवियों का स्पर्श करती है तो दूसरी ओर इतिहासकार हिरोदोतुस, दार्शनिक प्लेटो, यहूदियों के धर्मग्रन्थ 'उत्पत्ति खण्ड' और वाग्मी वक्ता दिमोस्थेनीस के भाषणों को भी नहीं छोड़ती। उसका उदात्त सम्बन्धी चिन्तन गद्य और पद्य के विभाजन को ही नहीं बल्कि त्रासदी, कामदी, महाकाव्य, गीत आदि विधाओं तथा साहित्य, दर्शन, इतिहास, भाषण आदि वाङ्मयीन वर्गीकरणों को भी बीचोंबीच काटता निकल जाता है। लोंगिनुस इन रूपों, विधाओं और विद्याओं के अन्तर को पहचानता था,

किन्तु उसकी दृष्टि इतनी व्यापक थी कि उसने उदात्त वाणी के यथासम्भव सभी उपलब्ध रूपों को समेटने का प्रयास किया। लोंगिनुस इतना 'शुद्ध साहित्यिक' न था कि अपने-आपको केवल साहित्य तक ही सीमित रखकर सन्तुष्ट हो लेता। दृष्टि की यह समग्रता प्राचीन ग्रीक-रोमन साहित्य-शास्त्र में ही नहीं बल्कि आज भी दुर्लभ है। लोंगिनुस की इस विशेषता की ओर वैसे तो अन्य विद्वानों का भी ध्यान गया है किन्तु नव्य आलोचक एलेन टेट को उसमें साहित्य की बृहत्तर अवधारणा दिखाई पड़ती है, जिसका अरस्तू के काव्यशास्त्र में अभाव है। एलेन टेट के अनुसार "साहित्य के इस बृहत्तर रूप के बोध ने ही लोंगिनुस के विषय और भाषा के सम्बन्ध के सिद्धान्त को उपयोगी सामान्यता के उस उच्चतर स्तर तक उठा दिया जहाँ तक उससे पहले का कोई साहित्य-सिद्धान्त न पहुँच सका था।"[4]

इसीलिए लोंगिनुस का प्रतिपाद्य 'उदात्त' आधुनिक पाश्चात्य आलोचना में प्रचलित 'सब्लाइम' अथवा 'उदात्त' से अधिक व्यापक है। वस्तुतः 'पेरि इप्सुस' केवल 'उदात्त' का विवेचन नहीं है। जिस तरह यह प्रचलित अर्थ में नितान्त काव्यशास्त्र का ग्रन्थ नहीं है उसी तरह यह प्रचलित अर्थ में 'उदात्त' का भी निरूपण नहीं है। ग्रन्थ का यह पक्ष इतना महत्त्वपूर्ण है कि प्रोफेसर डब्ल्यू रीज़ रॉबर्ट्स ने जोर देकर कहा है कि 'पेरि इप्सुस' के किसी भी निर्भ्रान्त अध्येता का कर्तव्य यह निर्देश करना है कि जिस तरह इसका रचयिता ऐतिहासिक लोंगिनुस नहीं है, उसी तरह इसका विषय भी सामान्य स्वीकृत अर्थ में 'उदात्त' (सब्लाइम) नहीं है।[5]

'पेरि इप्सुस' की इस व्यापकता का पूरा अर्थ ग्रहण करने के लिए उस तात्कालिक प्रयोजन को ध्यान में रखना परम आवश्यक है जो इसका प्रेरक रहा। ग्रन्थ के अवलोकन से तत्काल स्पष्ट हो जाता है कि इसकी रचना कोरे बुद्धि-विलास या शास्त्र-सम्पादन के लिए नहीं की गई। वस्तुतः कैकिलिउस के 'उदात्त' विषयक ग्रन्थ की त्रुटियों का परिमार्जन भी एक बहाना ही है। लोंगिनुस यदि कैकिलिउस के 'उदात्त' विषयक ग्रन्थ से असन्तुष्ट होकर उसी विषय पर एक और ग्रन्थ लिखने के लिए प्रवृत्त हुआ तो इसलिए कि उस युग की समकालीन समस्याओं का समुचित समाधान देना तो दरकिनार, कैकिलिउस स्वयं उन ह्रासकालीन प्रवृत्तियों से ग्रस्त था। आपाततः कैकिलिउस के विवेचन की सबसे बड़ी कमी यही थी कि उसने उदात्त के निरूपण में भावों की सर्वथा उपेक्षा की थी। किन्तु ऊपर से देखने पर नितान्त साधारण प्रतीत होनेवाली यह कमी तत्कालीन अलंकारशास्त्र की उस सीमा की ओर संकेत करती है जो केवल भाषा-कौशल तक ही आबद्ध थी। भाषा-कौशल की शिक्षा देनेवाला यह अलंकारशास्त्र स्वभावतः एक प्रकार के घटिया चमत्कारवादी काव्यों और आडम्बरपूर्ण वक्तृताओं को प्रश्रय दे रहा था। इसलिए लोंगिनुस ग्रन्थ के आरम्भ में कैकिलिउस के विषय में शिकायत करते हुए कहता है कि वह यह

नहीं बताता कि हम अपनी स्वाभाविक क्षमता को उदात्त के एक निश्चित स्तर तक कैसे उन्नमित कर सकते हैं। कहना न होगा कि उदात्त के स्तर तक मनुष्य की स्वाभाविक क्षमता का उन्नयन केवल भाषा की चातुरी के द्वारा सम्भव नहीं है।

लोंगिनुस यदि उदात्त के लिए महान धारणाओं और उद्दाम आवेगों पर बल दे रहा था तो इसीलिए कि उसकी मूल चिन्ता थी मनुष्य की आत्मा को ऊपर उठाना; और लोंगिनुस स्पष्ट देख रहा था कि उस समय सामान्यतः लोगों की आत्मा का अधःपतन हो गया था। इस प्रकार लोंगिनुस एक ऐसा साहित्यिक चिन्तक था जो अपने युग के व्यापक सांस्कृतिक ह्रास से चिन्तित था। 'पेरि इप्सुस' उसी सांस्कृतिक ह्रास से उबरने का बौद्धिक प्रयास है।

ग्रन्थ के अन्तिम अध्याय में इस सांस्कृतिक ह्रास के कारणों का विश्लेषण करते हुए लोंगिनुस कहता है कि इसका कारण केवल जनतन्त्र का अन्त ही नहीं बल्कि उच्च-वर्गों में धन-प्रेम और विषय-भोग की प्रवृत्ति का प्रसार है। लोंगिनुस के अनुसार इस धन-प्रेम ने ही लोगों को क्षुद्र बना दिया और उनकी आत्मा की ऊर्जा मद्धिम पड़ गई। लोंगिनुस के कथन से स्पष्ट है कि उस समय भोग-विलास, पर-हिंसा, परस्पर होड़ आदि के साथ घूसखोरी का बाज़ार भी काफी गरम था; और लाभ-लोभ के कारण सार्वजनिक जीवन के साथ ही साहित्य में भी निष्पक्ष निर्णय और न्याय की सम्भावनाएँ नष्ट हो गई थीं। लोंगिनुस के इस कथन की पुष्टि इतिहास के तथ्यों से भी होती है।

उसे हम चाहे ईसा की पहली शताब्दी की रचना मानें चाहे तीसरी शताब्दी की, प्रत्येक स्थिति में रोमन सभ्यता का यह पतनशील युग था। आगस्टस का स्वर्ण युग पीछे छूट गया था और उसके बाद रोम अपने वैभव की अन्तिम घड़ियाँ गिन रहा था। आर्थिक और सामाजिक ह्रास के युग में सांस्कृतिक स्तर भी नीचे गिर गया था। दरबारी सभ्यता ज़ोरों पर थी। वागाडम्बर के धनी वाग्मी वक्ताओं और चमत्कार-प्रेमी कवियों की बन आई थी। ग्रीक साहित्य के गौरवशाली युग की प्राचीन कृतियों की ओर से लोग विमुख हो चले थे। सामने न कोई अतीत आदर्श था, न वर्तमान उदाहरण। यही वह वातावरण था जिसकी प्रतिक्रिया-स्वरूप 'पेरि इप्सुस' की रचना हुई। इसलिए लोंगिनुस अपने पूर्ववर्ती एवं समकालीन आलंकारिकों तथा वक्तृता-शास्त्रियों से इतना भिन्न और विशिष्ट है। 'पेरि इप्सुस' सबसे पहले और मुख्यतः तात्कालिक ज्वलंत समस्याओं के समाधान का प्रयास है और इस तात्कालिकता में ही उसका वास्तविक अर्थ एवं मूल्य निहित है।[6] आज उसकी ताज़गी का रहस्य भी यही है।

इस दृष्टि से 'पेरि इप्सुस' का दोष-विवेचन लोंगिनुस की प्रमुख उपलब्धियों में से है। जिस गम्भीरता और सूक्ष्मता से लोंगिनुस ने समकालीन काव्य के दोषों का विश्लेषण किया है वह व्यावहारिक समीक्षा के उन औज़ारों में है जिनका महत्त्व

स्थायी है। उदाहरण के लिए 'भावाडम्बर' के विषय में यह कथन कि 'जलोदर रोग से पीड़ित मनुष्य की अपेक्षा अधिक शुष्कता और कहीं नहीं होती' अथवा 'बालेयता' के सम्बन्ध में यह उक्ति, 'क्या स्पष्ट ही यह पण्डिताऊ दृष्टि नहीं है, जहाँ अतिशय विस्तार की परिणति निष्प्राण असफलता में होती है।' (अ. ३) वस्तुतः सारा ग्रन्थ ऐसी अनेक अविस्मरणीय आलोचनात्मक सूक्तियों से भरा पड़ा है।

'पेरि इप्सुस' की विशेषता उदात्त के स्वघोषित पाँच स्रोतों के सैद्धान्तिक विवेचन में उतनी नहीं जितनी प्रसंगवश छिटके हुए विचार-स्फुलिंगों में है। दरअसल, जैसा कि सेंट्सबरी ने कहा है उदात्त के 'स्रोतों' का विवेचन ग्रन्थ का सबसे कमज़ोर अंश है।[7] स्पष्ट है कि लोंगिनुस में अरस्तू के समान विषय का वर्गीकरण करते हुए व्यवस्थित विवेचन की क्षमता नहीं है, जिसका प्रमाण यह है कि ज्यों ही वह अतिरिक्त व्यवस्थित होने का प्रयास करता है, अति साधारण प्रतीत होने लगता है। लोंगिनुस की प्रवृत्ति विषयान्तर की ओर विशेष दिखाई पड़ती है और अपनी नैसर्गिक प्रतिभा के अनुरूप ज्योंही वह विषयान्तर में बहकता है, प्रसंगवश मौलिक विचारों के स्फुलिंग छिटकते चलते हैं। 'पेरि इप्सुस' की मौलिकता मुख्यतः इन विषयान्तरों में ही परिलक्षित होती है। ऐसी मौलिक सूक्तियों की तालिका बनाना कठिन नहीं है किन्तु उन्हें सन्दर्भ से विच्छिन्न कर शाश्वत कथनों के रूप में प्रस्तुत करने में जड़ रूढ़ियों को प्रोत्साहित करने का ख़तरा है।

2

'पेरि इप्सुस' की विषयवस्तु की मौलिकता उसका जितना बड़ा आकर्षण है, उतना ही बड़ा आकर्षण उसकी विवेचन-शैली की सृजनात्मकता भी है। लोंगिनुस के विवेचन की खूबी यह है कि वह पण्डिताऊ शैली में सूत्र उपस्थित करके केवल उनकी व्याख्या नहीं करता बल्कि अपनी प्रत्येक मान्यता को उदाहरणों देकर स्पष्ट करता चलता है। परिणामतः एक ओर तो उसका पाठक उदाहरण की भरमार से अभिभूत होता है और दूसरी ओर इन उदाहरणों की साहित्यिक विशेषताओं के कुशल विश्लेषण से कायल होता है।

सबसे महत्त्वपूर्ण बात तो यह है कि ऐसा करते हुए लोंगिनुस अत्यन्त सहजता के साथ अपने पाठकों का ध्यान बार-बार कतिपय मौलिक सिद्धान्तों की ओर आकर्षित कर ले जाता है पर शैली कहीं शास्त्रीय जटिलताओं से बोझिल नहीं होती। इसके बजाय एक ताज़गी और सम्मोहन निरन्तर बना रहता है।

'पेरि इप्सुस' की पत्र-शैली है तो होरेस की 'आर्स पोएटिका' की ही परम्परा में, पर लोंगिनुस की पत्र-शैली में पाया जानेवाला बातचीत का अनौपचारिक लहजा

होरेस में कहाँ? कहीं-कहीं यह शैली वाग्मिता की सीमा का स्पर्श करने लगती है। अपनी विवेचन-शैली की इस विशिष्टता के कारण लोंगिनुस अरस्तू की अपेक्षा प्लेटो के अधिक निकट ठहरता है। वस्तुतः आत्मनिष्ठता, उत्साह, जीवन्तता और वैयक्तिकता आदि उसकी शैली की ऐसी विशेषताएँ हैं जो समूचे प्राचीन ग्रीक-रोमन साहित्यशास्त्र में दुर्लभ हैं। शैली यदि स्वयं व्यक्तित्व है तो 'पेरि इप्सुस' अपने रचयिता के अनूठे व्यक्तित्व का स्पष्ट दर्पण है और इतिहास का यह भी एक अद्भुत विरोधाभास है कि जिस ग्रन्थ का रचनाकार स्वयं अज्ञात है वही अपने रचनाकार के व्यक्तित्व को उद्भासित करने में अपने युग की सभी कृतियों में अप्रतिम है। 'पेरि इप्सुस' को पढ़ने से एक ऐसा व्यक्तित्व सामने आता है जिसके विचारों में छलकता हुआ उत्साह और पारदर्शी ईमानदारी है। उसके निर्णयों में उदारता है और उपस्थापन में निरस्त्र कर देनेवाली विनम्रता है। कहीं भी उसकी स्थापनाओं में हठाग्रह नहीं दिखाई पड़ता, पर फिर भी वह बहुत दूर तक अपनी बात को मनवा ले जाने में सफल हो जाता है।

लोंगिनुस की विवेचन-पद्धति की सबसे बड़ी विशेषता है द्वन्द्वात्मकता। लोंगिनुस ने विरासत में प्राप्त प्लेटो और अरस्तू की द्वन्द्वात्मक पद्धति को आगे बढ़ाते हुए किसी भी विषय पर समग्रता में विचार करने की दक्षता दिखलाई। इसी पद्धति के कारण वह एक ओर शास्त्रीयतावादी कवियों की जड़ता का खण्डन करता है तो दूसरी ओर नवीनता प्रेमी कवियों के चमत्कारवाद को भी ध्वस्त करता है। इसी प्रकार काव्य में प्रतिभा और अभ्यास तथा विचार और भाव के बीच सन्तुलन बनाए रखने में लोंगिनुस की द्वन्द्वात्मक पद्धति की विशेषता दिखाई पड़ती है। इसी दृष्टि के द्वारा वह विरोधी और भिन्न तत्त्वों की एकता को पहचानता है। इसीलिए वह उदात्त के लिए असाधारण को आवश्यक मानते हुए भी अजक्स के मौन की साधारण-सी उक्ति को भी उदात्त घोषित करने का साहस रखता है। इसीलिए कहीं-कहीं उसकी स्थापनाओं में स्वतोव्याघात का भ्रम पैदा हो सकता है परन्तु ध्यान से देखने पर यह पहचानने में देर नहीं लगती कि यह विरोधाभास वास्तव में किसी प्रकार की असंगति न होकर विचार-पद्धति की समग्रता है जो आपाततः विरोधी विशेषताओं के द्वन्द्वपूर्ण सह-अस्तित्व को स्वीकार करने की क्षमता से पैदा होती है। विरुद्धों के सामंजस्य को उदात्त का एक महत्त्वपूर्ण तत्त्व माननेवाला लोंगिनुस अपनी शैली में भी इस गुण को स्वयं अनेकशः प्रमाणित करता चलता है। एक ओर वह आवेग के उन्मद उद्दाम वेग की चर्चा करता है[8] तो दूसरी ओर अजक्स के मौन के महत्त्व को स्वीकार करता है। एक ओर वह कल्पना के दिगन्तव्यापी प्रसार और विराट रूपों के प्रति आकर्षण का समर्थन करता दिखाई पड़ता है[9] तो दूसरी ओर कल्पना की सामर्थ्य होने पर भी उदात्त का अभाव लक्षित करता है।[10] जहाँ वह आवेग के विस्फोट और अविराम गति को उदात्त का प्राण-तत्त्व घोषित

करता है,[11] वहीं आवेगपूर्ण वक्ताओं की निकृष्टता का उल्लेख करना भी नहीं भूलता[12], क्योंकि उदात्त आवेग के विस्फोट में नहीं, वस्तुतः भावनाओं के त्वरित घात-प्रतिघात में निहित रहता है।[13] यही घात-प्रतिघात लोंगिनुस की विवेचन-शैली का भी प्रमुख आकर्षण है। और तो और, उदात्त के प्राण-तत्त्व ऊर्जा को वह निःशब्दता में भी खोज निकालता है।[14] गरज़ यह है कि वह कटा-छँटा एकक्रम विवेचन करने के बजाय उतार-चढ़ाव, घात-प्रतिघात, तर्क-प्रतितर्क की द्वन्द्वात्मक मुद्रा अपनाए रहता है जिससे न केवल शैली में सृजन का सम्मोहन पैदा होता है, बल्कि विचारों की वह धार भी जो कायल ही नहीं करती, उत्तेजित भी करती है।

परन्तु इसका अभिप्राय यह नहीं कि लोंगिनुस प्राविधिक बारीकियों और शास्त्रीय-विवेचन के महत्त्व की उपेक्षा करता है या उनसे कतराता है। बात सिर्फ इतनी है कि उसमें विषय के प्रति उस प्रत्यक्ष व्यावसायिक दृष्टिकोण का अभाव मिलता है जो सूचनाधर्मी या उपदेशपरक शैली में पाया जाता है। वह शैली में स्पष्टता, स्वच्छता, प्रसंगबद्धता जैसे प्राविधिक नियमों की अपेक्षा प्रभाव-क्षमता का कायल है। उसका विश्वास है कि महान शैली के मूल आधार प्राविधिक नियमों की अपेक्षा कहीं अधिक व्यापक और प्रातिभ होते हैं।

इसीलिए वह विषय पर सीधे प्रहार करने की अपेक्षा अकसर विषयान्तर में बहक जाता है। पर विडम्बना तो यह है कि उसके अधिकांश मूल्यवान सिद्धान्त-सूत्र इन विषयान्तरों में ही छिपे हुए हैं। रीज़ रॉबर्ट्स[15] ने उसकी शैली को लक्ष्य करते हुए आक्षेप किया है कि कहीं-कहीं उसकी शैली में भी अपने समय के प्रचलित दोष झलक जाते हैं जैसे अस्पष्टता और काव्योचित पदावली का प्रयोग। इसी प्रकार कभी-कभी वह विषय का विवेचन करते हुए इतनी दूर तक उसकी बारीकियों के विश्लेषण का आग्रह दिखाता है कि प्राविधिक गुत्थियों में खो जाता है। उसकी विवेचनात्मक शैली की काव्यात्मकता अक्सर ऐसे प्रसंगों में प्रकट होती है जहाँ वह व्यावाहारिक समीक्षा करता है अथवा अपने मत की पुष्टि में लेखकों का तुलनात्मक मूल्यांकन प्रस्तुत करता है। इस प्रकार के प्रसंगों में उसकी भाषा प्रायः बिम्बधर्मी और अलंकारजीवी हो उठती है जबकि अलंकारों के विवेचन में वह प्रायः शास्त्रीय निर्जीवता और नियमबद्ध जड़ता का ही आभास देने लगता है।

एटकिन्स ने लोंगिनुस की विवेचन-शैली की प्रशंसा करते हुए लिखा है कि अपनी कुछ विशेषताओं के कारण लोंगिनुस की शैली प्लेटो का स्मरण कराती है। रूपकों, समासों, काव्यात्मक अभिव्यंजनाओं से समृद्ध उसकी शैली की एक निजी धनता है जो अपने में विशिष्ट है। यह विशेषता उसमें कुछ तो तीखे चुटकुलों से, कुछ सचित्र उपमाओं से और कुछ प्रत्येक विषय के प्रभावपूर्ण समापन से पैदा होती है।

'पेरि इप्सुस' की शैली के विषय में इतना मतभेद उसके गुण या दोषों को भले ही प्रमाणित न करता हो, किन्तु इतना तो अवश्य ही प्रमाणित करता है कि

उसमें कितने विविध प्रकार की वैचारिक प्रतिक्रिया जगाने की सामर्थ्य है। सवाल शैली की निर्दोषता का न होकर महानता और औदात्य का है क्योंकि लोंगिनुस के अपने ही शब्दों में 'निर्दोषता महानता से बहुत दूर होती है।'

3

उदात्त के स्रोतों का निर्देश लोंगिनुस की अपनी समझ से उसकी मौलिक देन है। कैकिलिउस से उसकी खास शिकायत यही थी कि 'उसने उन साधनों को अनावश्यक समझकर एकदम छोड़ दिया जिनसे हम अपनी क्षमताओं को एक निश्चित स्तर तक उठाने में सफल हो सकते हैं।' चुनांचे उसने स्वयं उदात्त के स्रोतों के निर्देश का बीड़ा उठाया और उदात्त के पाँच स्रोत गिनाए। परन्तु आधुनिक विद्वानों को उसका यह विभाजन विशेष संगत प्रतीत न हुआ। सेण्ट्सबरी ने 'स्रोत' शब्द के प्रयोग पर एतराज करते हुए यह कहा कि यह शब्द अपने आप में अस्पष्ट है और इसके प्रयोग से लोंगिनुस के विभाजन में तर्क सम्बन्धी वर्तुलता आ गई है। यदि 'स्रोतों' के बजाय लोंगिनुस ने इन्हें उदात्त की सिद्धि के पाँच बिन्दु (या 'रास्ते' या 'पक्ष') कहा होता—तो शायद वह ज्यादा सही होता। और फिर सम्भवतः उसका आशय भी तो यही था।[16] परन्तु लोंगिनुस की भूल का संशोधन करने के प्रयास में स्वयं सेण्ट्सबरी यह मूल बात भूल गए कि लोंगिनुस ने मुख्य रूप से उदात्त की उत्पत्तिपरक और प्रभावपरक व्याख्या ही की है। अतः स्रोत शब्द के परित्याग से विवेचन भले ही कुछ अधिक तर्क-सम्मत प्रतीत होने लगता, परन्तु लोंगिनुस का अभिप्राय सही रूप में सामने आ पाता, इसमें सन्देह है। लोंगिनुस का सारा ध्यान एक ओर उन स्रोतों पर टिका है जिनसे उदात्त उत्पन्न होता है और दूसरी ओर उन प्रभावों पर जिनसे वह पहचाना जाता है।

लोंगिनुस ने उदात्त के अलग-अलग स्रोतों के साथ ही उदात्त या उदात्त के वाचक किसी अन्य विशेषण का प्रयोग किया है जिसे बदले हुए वेष में 'उदात्त' कहते हुए सेण्ट्सबरी ने लोंगिनुस की पूरी तर्क-पद्धति पर पुनरावृत्ति या वर्तुलता का आरोप लगाया है।[17] इस तथाकथित असंगति को यदि इस रूप में समझा जाय कि लोंगिनुस उदात्त को एक गुणात्मक सत्ता के रूप में देखता था, अतः साध्य और साधन दोनों में उसकी व्याप्ति स्वीकार करता था, तो इसका बहुत कुछ निरसन हो सकता है। और फिर लोंगिनुस स्वयं तर्कशास्त्री तो था नहीं।

नव्य आलोचक विमसाट ने भी इस विभाजन को सर्वथा तर्क-सम्मत नहीं माना।[18] उनका आक्षेप दूसरा है। उनका कहना है कि लोंगिनुस ने उदात्त के जो पाँच स्रोत गिनाए हैं, उनमें से पहले दो—(1) महान और पुष्ट विचारों के धारण

की क्षमता तथा (2) प्रबल भावावेग की प्रेरणा, शेष तीन (3) अलंकारों की समुचित योजना, (4) अभिजात पद-रचना तथा (5) गरिमा और ऊँचाई का समग्र प्रभाव; से संश्लिष्ट न होकर उनके सहवर्ती हैं। अतः इस पंचांग विभाजन की मूलवर्ती दृष्टि अखण्ड एवं तर्कसम्मत नहीं है। लोंगिनुस के विवेचन की दूसरी कमजोरी विमसाट के अनुसार यह है कि अलंकारादि का विवेचन करते समय भी कवि-प्रतिभा से वह इस तरह अभिभूत रहता है कि 'विषय' और 'रूप', 'कवि' और 'कविता' आदि के परम्परागत दोहरे विभाजनों के बारे में सन्देह पैदा होने लगता है। अतः यदि उसने यह विभाजन 'जन्मजात प्रतिभा' और 'अर्जित कला' नामक खण्डों में किया होता तो कदाचित् अधिक सुसंगत होता, क्योंकि तब इस विभाजन से कवि और कविता दोनों की प्रकृति का संकेत मिलता।

कहा जा चुका है कि लोंगिनुस तर्कशास्त्री नहीं था इसलिए उसने अपनी बातें किसी निश्चित तर्क-क्रम से प्रस्तुत नहीं कीं। परन्तु जिस विभाजन को विमसाट अधिक सुसंगत समझते हैं वह शब्द-भेद से लोंगिनुस पहले ही कर चुका था। उसने स्पष्ट कहा है कि उदात्त के पहले दो तत्त्व सहजात होते हैं, जबकि शेष तीन कला की उपज हैं।[19] यदि ध्यान से देखा जाय तो इन स्रोतों के पारस्परिक संबंध की चर्चा वस्तुतः प्रकृति और कला के पारस्परिक संबंध की ही चर्चा है।

उदात्त के इन पाँच स्रोतों का मूल स्रोत लोंगिनुस की दृष्टि में एक ही है—महान आत्मा। क्योंकि 'औदात्य महान आत्मा की सच्ची प्रतिध्वनि है।'[20] और 'उदात्त वाणी सदात्मा व्यक्तियों को सहज ही प्राप्त होती है।' जो विचार प्रतिभा-प्रेरित होता है वह अविवक्षित रहने पर भी श्लाघ्य हो जाता है। इसी प्रकार मौन यदि महान आत्मा द्वारा प्रेरित हो, तो कथन की अपेक्षा कहीं अधिक उदात्त होता है। स्पष्ट है कि उदात्त के स्रोतों में एक महत्त्व क्रम लोंगिनुस की दृष्टि में निश्चित था। किन्तु विडम्बना यह है कि जिस स्रोत को उसने अधिक महत्त्व दिया है उसी की चर्चा से सम्बद्ध अंश सर्वाधिक खण्डित रूप में मिलता है।

'महान और पुष्ट विचारों के धारण की क्षमता' को लोंगिनुस सर्वोपरि महत्त्व देता था। इसी को नवें अध्याय में चर्चा आरम्भ करते हुए उसने 'नैसर्गिक प्रतिभा' कहा है। यानी 'महान और पुष्ट विचारों के धारणा की क्षमता' उन्हीं कृतिकारों में होती है जो प्रतिभावान होते हैं। क्योंकि इन प्रतिभावान वक्ताओं के मन न तो क्षुद्र होते हैं और न अधम, अन्यथा उनके लिए कोई अमर और अद्भुत रचना करना असम्भव हो जाता। अपनी बात को सिद्ध करने के लिए जैसे लोंगिनुस उदाहरण देता है कि सहसा प्रति खण्डित हो जाती है और एक साथ छह पृष्ठ गायब हो जाते हैं। अतः लोंगिनुस की अवधारणा का अनुमान उन उदाहरणों के आधार पर ही लगाया जा सकता है जो इस खण्डित अंश के उपरान्त दिए गए हैं। महान धारणाओं की यह क्षमता अनेक रूपों में प्रतिफलित होती दिखाई पड़ती है : गम्भीर

विचारों के रूप में जो उदात्त वाणी के सहज कारण होते हैं, उस दिगन्तव्यापी कल्पना के रूप में, जो अपने विस्तार में विश्व का ओर-छोर नाप लेती है और जो एक ओर दिव्य शक्तियों का अतिरंजित वर्णन करती है—'दिव्य स्वभाव का उसके पवित्र, शानदार और अद्वितीय रूप में चित्रण' करती है, और दूसरी ओर 'मानवीय क्रियाकलापों का।' दैवी और मानवी प्रसंगों पर समान अधिकार इस बात का प्रमाण है कि 'होमर को वीरत्व व्यंजक विषयवस्तु के औदात्य में अन्तःप्रवेश करने का कितना अभ्यास है।'[21] अतः महान धारणाओं की क्षमता से तात्पर्य हुआ तेजस्वी प्रसंगों की पकड़ और उनके मूल में निहित औदात्य का उद्घाटन। इलियद और ओदेसी की तुलना से भी स्पष्ट है कि लोंगिनुस तेज के अभाव में भव्यता (ग्रैंजर) की कल्पना तो करता है, औदात्य की नहीं।

उदात्त के दूसरे स्रोत—प्रबल भावावेग की प्रेरणा को महत्त्व में भी दूसरा स्थान देते हुए लोंगिनुस ने स्मरण दिलाया है कि कैकिलिउस ने इन पाँच वर्गों में से जिनको छोड़ दिया है 'स्पष्टतः उनमें से एक है संवेग।'[22] पर विडम्बना तो यह है कि स्वयं लोंगिनुस ने भी उस पर विस्तार से विचार नहीं किया। ग्रन्थ के 44वें अध्याय में सूचना मिलती है कि इस विषय पर मैंने पहले एक स्वतन्त्र प्रबन्ध लिखने का दायित्व उठाया था, क्योंकि मुझे वे सम्पूर्ण लेखन के विषय का महत्त्वपूर्ण अंग लगते हैं, और विशेषकर औदात्य...। पर न तो इस विषय पर कोई स्वतन्त्र ग्रन्थ मिलता है और न 'पेरि इप्सुस' का शेष अंश जिसमें सम्भवतः संवेगों के विषय में कुछ कहा गया होगा। क्योंकि इस अधूरे वाक्य के साथ प्रति खण्डित हो गई है और शेष अंश लुप्त है, लिहाजा जो बच रहता है वह अन्य विषयों की चर्चा के सम्बन्ध में प्रसंगवश छिटके कुछ ऐसे वाक्य हैं जिनसे 'प्रबल भावावेग की प्रेरणा' के विषय में लोंगिनुस की धारणा का अनुमान लगाया जा सकता है।

लोंगिनुस ने पूरे विश्वास से कहा है कि 'भव्यता के लिए उचित प्रसंग में सच्चे भाव से बढ़कर साधक और कुछ नहीं होता। वह शब्दों को एक मनोरम उन्माद से अनुप्राणित कर देता है और उन्हें दिव्य आवेश से भर देता है।'[23] पर इससे ठीक पहले वह कैकिलिउस की आलोचना इस आधार पर कर चुका है कि यदि वह औदात्य और संवेग को अभिन्न मानता है, तो यह उसकी भारी भूल है।[24] इस प्रकार लोंगिनुस संवेग और औदात्य में नित्य सम्बन्ध नहीं मानता। इसके अतिरिक्त वह कुछ संवेगों को क्षुद्र एवं अनुदात्त मानता है, जैसे करुणा और भय तथा कुछ उदात्त अंशों को संवेगहीन मानता है। अर्थात् न तो सभी उदात्त प्रसंगों का संवेगपूर्ण होना अनिवार्य है और न प्रत्येक संवेगपूर्ण प्रसंग का उदात्त होना। इसलिए प्रसिद्ध वक्ता दिमोस्थेनीस के सन्दर्भ में लोंगिनुस स्पष्ट करता है कि दिमोस्थेनीस के औदात्य और ओजस्विता का स्रोत उसकी सघन और सशक्त संवेग-राशि में निहित रहता है।[25] वक्ता दिमोस्थेनीस और दार्शनिक प्लेटो की

शैलियों की तुलना करते हुए प्लेटो की धीर-गम्भीर मुद्रा की अपेक्षा दिमोस्थेनीस को एक स्थल पर लोंगिनुस इसलिए अधिक पसन्द करता है कि उसके 'अधिक संवेगशील होने के कारण उसमें प्रचुर ऊष्मा और भावदीप्ति है।' जबकि प्लेटो में, 'ऐसी आग नहीं कौंधती।'[26] इसीलिए सिसरो से तुलना करते हुए दिमोस्थेनीस की शक्ति वह 'प्रायः परुष औदात्य' में देखता है। वह 'उग्रता, गति, शक्ति, भाषण की आश्चर्यजनक क्षमता से मानो धधकता हुआ अपने सामने पड़नेवाली प्रत्येक वस्तु को छिन्न-भिन्न कर देता है।'[27]

शैली के तत्त्वों का विवेचन करते हुए भी लोंगिनुस ने जिस प्रकार के संकेत दिए हैं उनसे स्पष्ट है कि वह शैली की उन्हीं युक्तियों को प्रश्रय देता था जिनसे रचना में उत्तेजना और उद्दाम वेग पैदा हो, शक्ति और प्रभाव-क्षमता आए, तथा जो आवेग के विस्फोट का प्रभाव छोड़े। एक स्थल पर उसने संवेग को 'आत्मा का प्रखर विक्षोभ' भी कहा है।[28] गरज़ यह है कि उदात्त के लिए संवेगों का होना जितना जरूरी है, उतना ही उनका 'प्रबल' होना भी।

उदात्त के तीसरे स्रोत—अलंकारों का विवेचन लोंगिनुस ने 16वें से 29वें अध्याय तक किया है। अलंकारों में उसने विस्तारणा, शपथोक्ति प्रश्नालंकार, विपर्यय, व्यतिक्रम, पुनरावृत्ति, छिन्न-वाक्य, प्रत्यक्षीकरण, संचयन, सार, रूप-परिवर्तन, पर्यायोक्ति, रूपक आदि का चयन किया है। इसके अतिरिक्त उसने 20वें अध्याय में अलंकार-संसृष्टि के प्रभाव का भी वर्णन किया है।

लोंगिनुस की विशिष्टता इस बात में है कि विवेचन के लिए वह केवल उन्हीं अलंकारों का चुनाव करता है जो किसी-न-किसी रूप में उदात्त प्रभाव की सृष्टि में सहायक होते हैं।[29] विस्तारणा अलंकार के सन्दर्भ में उसने स्पष्ट कहा है कि 'औदात्य के बिना इन पद्धतियों में से कोई स्वतः सम्पूर्ण नहीं होती।'[30] जो बात उसने विस्तारणा अलंकार के सम्बन्ध में कही है वही उसके अलंकार-सम्बन्धी दृष्टिकोण के सम्बन्ध में सटीक उतरती है। ऐसे अपवादों को छोड़कर जहाँ उदात्त प्रभाव वक्ता का लक्ष्य ही नहीं हो विस्तारणा के शेष रूपों से उदात्त का अंश निकाल लेना वैसा ही है जैसे शरीर से आत्मा को हटा देना।[31]

अलंकार के प्रयोग की पहली शर्त है औचित्य या प्रसंगानुकूलता। शपथोक्ति अलंकार के सन्दर्भ में लोंगिनुस कहता है कि 'केवल शपथ लेना मात्र औदात्य नहीं है, उसके लिए हमें स्थान, परिस्थिति और प्रयोजन सबको ध्यान में रखना चाहिए।'[32] इसी प्रकार रूपक-शृंखला के प्रयोग का औचित्य बताते हुए उसने 31वें अध्याय में कहा कि 'रूपक के प्रयोग का उचित अवसर वह होता है जब संवेग में बाढ़ का-सा बहाव होता है और उसके साथ विपुल रूपक अनिवार्यतः बहे चले आते हैं।' यानी अलंकार के प्रयोग के पीछे परिस्थिति या संवेग का अनुरोध होना चाहिए।

अलंकारों के प्रयोग में अतिरंजना का लोभ अनौचित्य की एक अत्यन्त स्वाभाविक दिशा है। इसलिए लोंगिनुस अलंकारों के चतुर प्रयोग का निषेध कर सहजता का समर्थन करता दिखाई पड़ता है। 'अलंकार सर्वाधिक प्रभावशाली तब होता है जब इस बात पर ध्यान ही न जाए कि वह अलंकार है।'[33] लोंगिनुस अलंकारों के अतिचारग्रस्त प्रयोगों के प्रति इतना सतर्क था कि वह केवल रूपक (लाक्षणिक) जैसे अलंकारों के प्रयोग में ही 'अतिचार के विरुद्ध अपने पाठक को सावधान नहीं करता।'[34] बल्कि अतिशयोक्ति जैसे अतिरंजनामूलक अलंकारों में भी सहजता पर बल देता है : 'अतिशयोक्ति का सर्वोत्तम रूप वह होता है जिसमें उसका अतिशयोक्ति होना छिपा रहे। और ऐसा तभी होता है जब उसका प्रयोग प्रबल भाव के अनुरोध से, किसी बड़े संकट के प्रसंग में किया जाए।'[35] इस सन्दर्भ में लोंगिनुस ने हिरोदोतुस से जो उदाहरण प्रस्तुत किया है वह इसलिए कि वहाँ अतिशयोक्ति 'विश्वसनीय' है और वह 'सहज रूप में घटना से उद्भूत प्रतीत होती है।'[36]

अलंकारों के प्रयोग से जो सन्देह या अविश्वसनीयता पैदा होती है उसके विरुद्ध 'औदात्य और संवेग' को लोंगिनुस सबसे बड़ा प्रतिकार मानता था। औदात्य और संवेग से रचना में उत्पन्न सौन्दर्य और भव्यता के 'दीप्त विन्यास' में कला-चातुरी किसी-न-किसी प्रकार छिप जाती है।[37] लोंगिनुस उपमा देता है : 'जैसे सूर्य के प्रखर आलोक में आसपास के मंद प्रकाश छिप जाते हैं, उसी प्रकार भव्यता के सर्वव्यापी प्रभाव में आलंकारिक युक्तियाँ धुँधला जाती हैं।'[38]

लोंगिनुस तुलनात्मक दृष्टि से संवेगों का महत्त्व अलंकारों की अपेक्षा कहीं अधिक मानता था। कहीं-कहीं अलंकारों के सन्दर्भ में उनकी उपयोगिता कुछ-कुछ आच्छादन की-सी प्रतीत होने लगती है : 'जो उदात्त और हृदय-स्पर्शी होता है वही हृदय के अधिक निकट होता है, और इस प्रकार कुछ सहज सम्बन्ध के कारण और कुछ प्रभाव की प्रभा के कारण वह अलंकारों की अपेक्षा कहीं जल्दी ध्यान खींच लेता है। इस प्रकार अलंकारों के कौशल को वह छाया में फेंक देता है।'[39]

किन्तु इसी अध्याय के आरम्भ में लोंगिनुस 'उदात्त' और 'अलंकार' के बीच परस्परावलम्बन का सम्बन्ध निरूपित कर चुका था : 'अलंकार स्वभावतः उदात्त के सहायक होते हैं और इस सहायता के बदले में वे स्वयं उससे अद्भुत बल प्राप्त करते हैं।' इसके अतिरिक्त भी प्रश्नालंकार का विवेचन करते हुए लोंगिनुस ने अलंकार प्रयोग से भाषा पर पड़ने वाले प्रभाव को स्पष्ट किया है : 'किन्तु इस रूप में उत्तेजना, प्रश्नोत्तर का सत्वर क्रम, अपने ही शब्दों का इस प्रकार सामना करने का ढंग गोया वे किसी दूसरे के हों, सब मिलकर अलंकार के प्रयोग से सम्पूर्ण प्रसंग को न केवल उदात्त बल्कि अधिक विश्वसनीय बना देता है।'[40] इसी प्रकार उसने माना है कि दो या तीन अलंकारों की संसृष्टि से 'शक्ति, विश्वास और सौन्दर्य

की वृद्धि' होती है।[41] गरज़ यह कि एक ओर संवेगों से अलंकारों के प्रयोग में स्वाभाविकता, सहजता आती है और दूसरी ओर अलंकारों के प्रयोग से अभिव्यक्ति में श्री और शक्ति।

उदात्त का चौथा तत्त्व है 'अभिजात पद-रचना।' पद-रचना के विशेषण 'अभिजात' से लोंगिनुस का अभिप्राय उदात्त से ही है। अलंकारों की ही तरह शब्दावली के चुनाव में भी लोंगिनुस जहाँ मनोहरता का समर्थन करता है, वहाँ उपयुक्तता का भी। वह रचना में विचार और पद-रचना को परस्पर निर्भर मानता है।[42] भव्य भाषा का प्रभाव निश्चय ही सम्मोहक होता है किन्तु तभी जब वह विचार के अनुकूल हो। जहाँ यह अनुपात बिगड़ा वहाँ स्थिति 'अबोध शिशु के मुख पर एक बड़े आकार वाला त्रासद मुखौटा लगा देने के समान हो जाती है।'[43] इसलिए जिसे वह अभिजात कहता है वह वस्तुतः उदात्त है और उदात्त का आधार है विषयानुकूलता, सज्जा और अलंकरण नहीं। इसीलिए प्रसंगोचित होने पर 'ग्राम्य उक्ति कभी-कभी सुरुचिपूर्ण भाषा की अपेक्षा कहीं अधिक प्रभावशाली होती है।'[44] क्योंकि साधारण जीवन से गृहीत होने के कारण वह अधिक विश्वसनीय होती है, किन्तु ग्राम्य से लोंगिनुस का तात्पर्य क्षुद्र से न होकर प्रसंगानुकूल वास्तविकता से था, क्योंकि आगे चलकर उसने स्पष्ट कहा है, 'क्षुद्र शब्दों के प्रयोग से भव्य अनुच्छेद की भयंकर क्षति होती है।'[45] इसलिए उदात्त की कसौटी वहाँ ग्राम्यता न होकर औचित्य है।

उदात्त का पाँचवाँ तत्त्व है 'गरिमा और ऊँचाई का समग्र प्रभाव।' 39वें अध्याय में अपना अभिप्राय स्पष्ट करते हुए लोंगिनुस कहता है कि 'मेरा आशय एक विशिष्ट क्रम में शब्दों की योजना' से है। इसके बाद वह तत्काल सूचना देता है कि इस विषय पर वह दो अन्य प्रबन्धों में विस्तारपूर्वक सभी सम्भाव्य निष्कर्षों को प्रस्तुत कर चुका है। 'पेरि इप्सुस' में उसने विशेषकर शब्द लय और उसके प्रभाव पर विचार किया है। शब्दगत लय का सम्बन्ध लोंगिनुस मानव-प्रकृति में अन्तर्निहित संवेगों से मानता है। विशेष अनुक्रम या लय में निबद्ध शब्द संस्कारों में निहित संगीत-प्रेम के सहारे हमारे आवेगों को आन्दोलित कर उदात्त प्रभाव डालते हैं। विविध स्वरों के मेल से रचना में प्रयुक्त पदावली 'उपस्थित लोगों के हृदय में वक्ता के वास्तविक संवेग का संचार करती है जिससे वे सब जो उसके श्रोता हैं उसमें हिस्सेदार हो सकें।'[46] अर्थात् रचना में समुचित क्रम से किए गए शब्द-विन्यास से जो विषयानुकूल लय उत्पन्न होती है उसका प्रभाव मन पर अत्यन्त उदात्त होता है और वह श्रोता को रचनाकार के अनुभव का सहभागी बनाती है। शब्दों में यह लय-निपात कैसे पैदा किया जा सकता है—लोंगिनुस ने इसका सूक्ष्म विश्लेषण वक्ता दिमोस्थेनीस से कुछ उदाहरण लेकर उसकी स्वर-संयोजना पर विचार करते हुए किया है। जिस प्रकार वह अलंकारों के अतिरंजित प्रयोगों को उदात्त के लिए घातक मानता

है, उसी प्रकार अतिलयात्मक प्रसंगों को भी। एक ओर तो 'उदात्त अनुच्छेद के लिए दुर्बल, और छिन्न-भिन्न लय से अधिक घातक वस्तु दूसरी नहीं होती' और दूसरी ओर 'सभी अतिलयात्मक अनुच्छेद तुरन्त ही सज्जित मात्र और सस्ते लगने लगते हैं।'[47] इस प्रकार की एकरस तुकबन्दियों का प्रभाव 'सतही होता है, और उससे कोई आवेग उद्‌बुद्ध नहीं होता है।'[48] गरज़ यह कि रचना में प्रमुखता आवेग की होती है और यदि शैली की कोई युक्ति आवेग की उद्‌बुद्धि में सहायक नहीं होती अथवा 'श्रोताओं का ध्यान क्रिया-व्यापार से हटाकर बरबस अपनी ओर' लगा लेती है और उसका प्रभाव 'शब्दार्थ का न होकर लय का होता है।'[49] तो निश्चय ही ऐसा प्रयोग उदात्त का साधक न होने के कारण अग्राह्य है।

निष्कर्ष रूप में कहा जा सकता है कि उदात्त के स्रोतों का विवेचन करते हुए लोंगिनुस ने उदात्त को एक ऐसी गुणात्मक सत्ता के रूप में देखा है जो खण्ड रूप में कृति के विभिन्न तत्त्वों में और अखण्ड रूप से सम्पूर्ण कृति में व्याप्त रहती है। धारणाओं के साथ वह महानता के रूप में वर्तमान है तो आवेगों के साथ प्रबलता के रूप में; अलंकारों के साथ औचित्य के रूप में, तो पद-रचना के साथ आभिजात्य के रूप में। कृति के समग्र प्रभाव में 'उदात्त' गरिमा और ऊँचाई के रूप में अन्तर्व्याप्त रहता है, जिसे केवल पहचाना जाता है। उदात्त के स्रोतों की चर्चा में जिस बात पर लोंगिनुस का ध्यान सबसे अधिक टिका रहा है वह है परस्परावलम्बन सम्बन्ध और इस सम्बन्ध में औचित्य की रक्षा। शैली विषयक आवेगों को उसने सर्वत्र आवेग-निर्भर माना है। उनके प्रयोगों में औचित्य का निर्धारण आवेग के स्वरूप और अनुरोध से होता है जबकि स्वयं आवेग अलंकार, पद-रचना, लय आदि से श्री और शक्ति प्राप्त करते हैं। इस प्रकार ये पाँच स्रोत निरपेक्ष रूप में खण्ड-खण्ड एकत्र होकर उदात्त की सृष्टि नहीं करते बल्कि परस्पराश्रित रूप में एक-दूसरे को अवलम्ब देते हुए गरिमा और ऊँचाई के ऐसे प्रभाव की सृष्टि करते हैं जिसे लोंगिनुस ने उदात्त कहा है। वे अंग रूप में भी उदात्त हैं और अंगी रूप में भी।

4

लोंगिनुस की दृष्टि में उदात्त क्या है, इसे ठीक-ठीक जानने के लिए पहले यह स्पष्ट कर लेना जरूरी है कि उदात्त क्या नहीं है।

लोंगिनुस का उदात्त क्लासिकी या शास्त्रवादी 'उदात्त शैली' ('ग्रेंड स्टाइल') नहीं है। इतिहास की यह भी एक विडम्बना ही है कि जिस शास्त्रवाद का खण्डन करने के लिए लोंगिनुस ने 'पेरि इप्सुस' लिखा उसी शास्त्रवाद के समर्थकों को लोंगिनुस के प्रथम व्याख्याकार होने का ऐतिहासिक गौरव मिला। वस्तुतः 'पेरि

इप्सुस' जिस समय पहली बार प्रकाश में आया, संयोग से उस समय यूरोपीय साहित्य में शास्त्रवाद का ही बोलबाला था। बोइलो ने ग्रन्थ के फ्रांसीसी अनुवाद की भूमिका में लोंगिनुस के उदात्त की शास्त्रवादी व्याख्या का जैसा प्रबल खण्डन किया है उससे इन व्याख्याओं के व्यापक प्रभाव का संकेत मिलता है। बोइलो ने स्पष्ट शब्दों में लिखा है कि 'उदात्त' से लोंगिनुस का तात्पर्य वह नहीं है जिसे वक्तृत्व-विशारद 'उदात्त शैली' कहते हैं। उदात्त शैली के लिए तो उच्च या भव्य भाषा की आवश्यकता है जबकि उदात्त एक अकेले विचार एक उक्ति या एक वाक्यांश में भी प्रकट हो सकता है।[50] स्पष्ट ही यह कहते समय बोइलो के सामने हिब्रू 'उत्पत्ति ग्रन्थ' का यह वाक्य था : 'ईश्वर ने कहा : आलोक प्रकट हो जाए, और आलोक प्रकट हो गया।' यह वही वाक्य है जिसे लोंगिनुस ने उदात्त वाणी के रूप में उद्धृत किया है। कहना न होगा कि यह सीधा सरल वाक्य किसी भी तरह शास्त्रवादियों की 'उदात्त शैली' की परिभाषा में नहीं आता। दरअसल शास्त्रवादी जिसे 'उदात्त शैली' कहते थे वह लोंगिनुस की दृष्टि में 'वागाडम्बर' था। लोंगिनुस की इस शास्त्रवादी व्याख्या के खण्डन का श्रेय निश्चय ही बोइलो को मिलना चाहिए।

किन्तु बोइलो के इस प्रयास की विडम्बना यह है कि उसने एक भ्रम का निरसन करने के साथ ही दूसरे भ्रम को जन्म दिया। बोइलो ने लोंगिनुस के 'इप्सुस' के लिए जिस 'सब्लाइम' शब्द का प्रयोग किया वह आगे चलकर रोमांटिक विचारकों और कवियों के हाथों एक नई रूढ़ि का बायस बना। बोइलो के प्रयास से लोंगिनुस शास्त्रवाद से तो मुक्त हो गया किन्तु दूसरी ओर वह रोमांटिक गिरफ्त में आ पड़ा। दार्शनिक कांट ने 'सब्लाइम' की ऐसी परिभाषा की कि आगे चलकर लोंगिनुस का 'इप्सुस' तो पीछे छूट रहा, कांट का 'सब्लाइम' ही उसका प्रतिनिधि बन गया। 'पेरि इप्सुस' के बीसवीं सदी के अध्येता-अनुवादक एक के बाद एक जो यह कहते दिखाई पड़ते हैं कि लोंगिनुस के 'इप्सुस' का सही अनुवाद 'सब्लाइम' नहीं है उसका यही कारण है कि 'सब्लाइम' शब्द के साथ एक रोमांटिक अनुषंग जुड़ गया है जो अपने आप में काफी महत्त्वपूर्ण होते हुए भी इतना व्यापक नहीं है कि लोंगिनुस के 'इप्सुस' को पूरा-का-पूरा समेट सके। वैसे तो 'इप्सुस' की वाचकता के लिए 'सब्लाइम' की अपर्याप्तता की शिकायत, रीज़ रॉबर्ट्स एटकिन्स, एलेन टेट, आदि सबने की है किन्तु 'सब्लाइम' की इस सीमा का कथन सेण्ट्सबरी ने किया है। सेण्ट्सबरी कहता है : 'यही नहीं कि आधुनिक भाषाओं, विशेषतः अंग्रेजी में 'सब्लाइम' शब्द का अर्थ अत्यधिक विशेषीकृत हो गया है, बल्कि यह विशेषीकरण अंशतः गलत दिशा की ओर है। उदाहरण के लिए सही अंग्रेज़ी जानने वाला कोई भी आदमी लोंगिनुस द्वारा उद्धृत सैफ़ो की कविता को उसके प्रति अपने प्रबल उत्साह के बावजूद 'सब्लाइम' नहीं कह सकता; क्योंकि उस शब्द के अंग्रेजी अर्थ में परिशान्ति या फिर प्रभुता का तत्त्व होता है। (क्योंकि तूफ़ान 'सब्लाइम' हो सकता

है); और उस कविता में इनका अभाव है।'[51]

'सब्लाइम' के इस परिशान्तिवाचक अथवा प्रभुतावाचक रोमांटिक अनुषंग की सीमा से 'पेरि इप्सुस' को मुक्त करने के लिए कुछ विद्वानों ने प्रथम अंग्रेज़ी अनुवादक हॉल द्वारा प्रयुक्त 'वाणी की ऊँचाई' (The Height of Eloquence) पद का ग्रहण बेहतर माना है क्योंकि वह पूरी तरह अनुषंग-निरपेक्ष है। निस्सन्देह इस शब्द के खुलेपन में बड़ी सुविधा है, किन्तु जैसा कि स्वयं सेण्ट्सबरी ने भी स्वीकार किया है, इसमें न तो शास्त्रोचित गरिमा है और न यह शास्त्र-चर्चा के लिए प्रयोग-सुकर ही है। इसलिए किसी अन्य विकल्प के अभाव में अंग्रेज़ी के आलोचक लोंगिनुस की उदात्त सम्बन्धी धारणा का विवरण देने में अन्ततः परम्परा प्राप्त प्रचलित 'सब्लाइम' शब्द का सहारा लेने के लिए विवश हैं। निस्सन्देह किसी प्रकार के भ्रम की आशंका का निवारण करने के लिए वे आरम्भ में ही चेतावनी दे देते हैं।

लोंगिनुस का हिन्दी अध्येता कम-से-कम इस दृष्टि से अधिक सुविधाजनक स्थिति में है कि हिन्दी आलोचना की भाषा पाश्चात्य आलोचना परम्परा के 'सब्लाइम' तथा उससे जुड़े अर्थानुषंगों से मुक्त है। लोंगिनुस के 'इप्सुस' की व्याख्या के लिए हिन्दी में जो 'उदात्त' शब्द स्वीकार किया गया है उसका संस्कृत मूल संयोग से अपने व्युत्पत्यर्थ में ग्रीक 'इप्सुस' के काफी निकट है—कम-से-कम अंग्रेज़ी के 'सब्लाइम' से तो निश्चय ही अधिक निकट है। 'इप्सुस' के समान ही उदात्त का भी अभिधार्थ 'उच्च' ही है। इसके बाद संस्कृत-अंग्रेज़ी शब्द-कोशों में इस शब्द के जो लक्ष्यार्थ दिए गए हैं, वे सम्भवतः अंग्रेज़ी से प्रभावित हैं। उदाहरण के लिए वी.एस. आप्टे के संस्कृत-इंग्लिश शब्द-कोश में 'उदात्त' के ये अर्थ दिए गए हैं : (1) High (2) Elevated (3) Lofty (4) Exalted (5) Noble (6) Sublime (7) Dignified। स्पष्ट है कि हिन्दी का 'उदात्त' अपने अभिधार्थ में जहाँ 'इप्सुस' का सजातीय है वहाँ अपने लक्ष्यार्थों में भी वह इतना व्यापक है कि उसमें लोंगिनुस की उदात्त विषयक अवधारणा को समेट लेने की पर्याप्त क्षमता विद्यमान है।

इतना होते हुए भी हिन्दी-अध्येता की भी अपनी एक परम्परा-प्रदत्त कठिनाई है और वह है उदात्त से सम्बद्ध संस्कृत काव्यशास्त्र का अनुषंग। संस्कृत काव्यशास्त्र के 'धीरोदात्त' नायक के साथ अर्थ का एक ऐसा अनुषंग जुड़ा हुआ है जो अपने विशिष्ट नैतिक सामाजिक मूल्यों के साथ 'उदात्त' को एक निश्चित अर्थ से बाँध देता है। इसलिए यह आशंका निराधार नहीं है कि यह धारणा लोंगिनुस के 'उदात्त' के अधिग्रहण में कहीं-न-कहीं बाधक हो सकती है। ऐसी स्थिति में वस्तुनिष्ठ विवेचन की सुविधा के लिए यह निष्कर्ष निकालना काफी सुरक्षित होगा कि लोंगिनुस के 'इप्सुस' की सही समझ के लिए पर्याय के रूप में अंग्रेज़ी 'सब्लाइम' का प्रयोग जिस प्रकार भ्रामक है उसी प्रकार संस्कृत 'उदात्त' भी।

इस आरम्भिक चेतावनी के बाद कदाचित् अब लोंगिनुस की उदात्त सम्बन्धी धारणा का विवरण सुगम हो सकता है।

'पेरि इप्सुस' का प्रत्येक पाठक जानता है कि इस ग्रन्थ में 'उदात्त' की कोई परिभाषा इकट्ठा एक जगह नहीं की गई है। एक सूत्र में 'उदात्त' की परिभाषा ढूँढ़ने वाले निश्चय ही लोंगिनुस से निराश होंगे। एक तरह से यह लोंगिनुस का दोष नहीं बल्कि गुण है। प्रतिपाद्य को पहले एक सूत्र में प्रस्तुत कर फिर व्याख्या करने की पद्धति लोंगिनुस की नहीं है। यह पद्धति अरस्तू और होरेस की है। लोंगिनुस जैसे और बातों में अपने इन पूर्ववर्तियों से भिन्न था उसी तरह विवेचन-पद्धति में भी। जैसा कि विमसाट ने लिखा है, 'लोंगिनुस की अपनी समस्या यह थी कि वह परम्परा-प्राप्त अलंकारशास्त्र की अवधारणाओं के द्वारा 'उदात्त' नामक उस नए तत्त्व की व्याख्या करना चाहता था जो अपनी नवीनता के कारण परम्परित शब्दावली के लिए अव्याख्येय था।'[52] यह समस्या किसी भी नई अवधारणा की व्याख्या के आरम्भ में उठती है। नई अवधारणा के स्वरूप निश्चय के लिए प्रसिद्ध प्रस्थानों का सहारा लें तो उसकी नवीनता मारी जाती है और यदि प्रसिद्ध प्रस्थानों का अतिक्रमण करें तो अस्पष्टता का कुहासा नज़र आता है। उदात्त का स्वरूप निर्धारित करने में लोंगिनुस ने एक-एक कर दोनों विकल्पों का आश्रय लिया और जहाँ इनमें से किसी से काम न चला तो वहाँ काव्य, नाटक वक्तृता आदि के अभिप्रेत उद्धरणों का ठोस आधार अपनाया। ज़ाहिर है कि ऐसा कोई एक उद्धरण मिलना मुश्किल है जिसमें उदात्त के सारे पहलू और गुण आ जाएँ, इसलिए विवेचन-क्रम में प्रत्येक विशेषता के अनुरूप अलग-अलग उद्धरणों का चयन अनिवार्य था। वस्तुतः लोंगिनुस के 'उदात्त' का ठीक-ठीक अवधारण करने के लिए सबसे अधिक विश्वसनीय ये उद्धरण ही हैं। स्पष्टतः इन उद्धरणों की विविधता में एक व्यवस्था अथवा संगति ढूँढ़ना काफी दुःसाध्य है और कहना न होगा कि यह विविधता ही लोंगिनुस के अध्येताओं की कठिनाई भी है।

उदात्त के सम्बन्ध में लोंगिनुस सामान्यतः इतना ही कहता है कि 'वह वाणी का ऐसा वैशिष्ट्य और चरमोत्कर्ष है जिससे महान कवियों और इतिहासकारों को जीवन में प्रतिष्ठा और अमर यश मिला है।' स्पष्टतः यहाँ संकेत वाणी मात्र की श्रेष्ठता या महानता की ओर है जो सम्पूर्ण अमर कृतियों का आधार है। किन्तु इस सामान्यता से 'उदात्त' को समझना मुश्किल है। लोंगिनुस इस सामान्य धारणा को कुछ और निश्चित रूप देने के लिए उसके प्रभाव की ओर संकेत करता हुआ कहता है कि 'उसका प्रभाव श्रोताओं पर अनुनयन के रूप में नहीं बल्कि आत्मातिक्रमण के रूप में होता है।' 'आत्मातिक्रमण' को आगे और स्पष्ट करने के लिए वह बिम्बमयी भाषा का सहारा लेता है : 'उचित क्षण में उदात्त की एक कौंध समस्त वस्तु को छिन्न-भिन्न करती हुई वक्ता की सम्पूर्ण शक्तियों को एक

ही बार में उद्घाटित कर देती है।'[53] स्पष्ट है कि यह काव्य-मात्र या वक्तृता-मात्र के सामान्य प्रभाव का अतिरंजित वर्णन नहीं है। प्रभाव के रूप में 'अनुनयन' के तिरस्कार से स्पष्ट है कि लोंगिनुस के उदात्त के अन्तर्गत सामान्य चमत्कारवादी आलंकारिक वाणी के लिए कोई स्थान नहीं है। किसी वस्तु को उसके प्रभाव के द्वारा पारिभाषित करने के प्रयास पर आपत्ति हो सकती है और कुछ नव्य समीक्षक उस प्रयास में प्रभावपरक हेत्वाभास (अफ़ेक्टिव फ़ैलेसी) भी देख सकते हैं, किन्तु इससे यही प्रमाणित होता है कि सीधे-सादे उस वस्तु की ओर संकेत करने के लिए लोंगिनुस को परम्परा प्राप्त काव्यशास्त्र तथा वक्तृत्वशास्त्र की शब्दावली में कोई उपयुक्त शब्द सुलभ न था, इसीलिए उसने उस वस्तु के प्रभाव का आश्रय लिया। संक्षेप में लोंगिनुस यह कहना चाहता है कि 'उदात्त' काव्य या वक्तृता का ऐसा विशिष्ट गुण है जिसकी विशेषता पाठक और श्रोता पर उसके प्रभाव से पहचानी जाती है। इस प्रभाव की विशेषता यह है कि वह चेतना में एक प्रकार का गुणात्मक परिवर्तन कर देता है। ऐसा प्रभाव उत्पन्न करनेवाली वस्तु को शुरू-शुरू में बखानना इसलिए मुश्किल है कि लोंगिनुस के शब्दों में 'किसी रचना में सर्जनात्मक कौशल, समुचित वस्तु-योजना, तथा वस्तु-विन्यास, दो एक युक्तियों में उद्भासित नहीं होते; बल्कि वे कृति की पूरी बनावट के बीच से क्रमशः उभरते हैं।'[54] तात्पर्य यह कि उदात्त काव्य या वक्तृता में अनेक तत्त्वों के सामंजस्य से उत्पन्न होता है किन्तु उन तत्त्वों को अलग-अलग अपनी भिन्नता में उदात्त की संज्ञा नहीं दी जा सकती।

इस आरम्भिक चेतावनी के बाद लोंगिनुस एक-एक कर क्रमशः उन उदात्त तत्त्वों के विश्लेषण की ओर अग्रसर होता है। लोंगिनुस का यह विश्लेषण इतना द्वन्द्वात्मक है कि उसके उदात्त की परिधि में अनेक परस्पर विरोधी और नितान्त भिन्न तत्त्व सहज ही सन्निविष्ट हो जाते हैं। विरोधी और भिन्न तत्त्वों के बीच निहित एकता की पहचान में लोंगिनुस इतना दक्ष है कि उसे सैफ़ो के प्रेम-गीत और होमर के युद्ध वर्णन में एक साथ ही उदात्त के दर्शन होते हैं। इसी प्रकार जो लोंगिनुस एतना ज्वालामुखी के विस्फोट को उदात्त काव्य का विषय मानता है वही पाताल लोक में अज़क्स के मौन को कहीं अधिक उदात्त और महान समझता है। उसकी दृष्टि में यदि एक ओर उत्साह का चित्र उदात्त है तो दूसरी ओर भय का चित्र भी। इसी प्रकार भावावेग में उदात्त को परिलक्षित करनेवाला लोंगिनुस भावावेश-शून्य शान्त वाणी में निहित उदात्त को भी देखने की क्षमता रखता है।

इस प्रकार हम लोंगिनुस के उदात्त की अन्तर्विरोध युक्त प्रकृति को ध्यान में रखते हुए उसकी व्यापकता और विविधता के सीमान्तों के अन्वेषण की ओर अग्रसर हो सकते हैं।

यह सही है कि काव्य-वस्तु के रूप में **विराट प्रकृति** को लोंगिनुस उदात्त समझता था। इस प्रसंग में एडिसन प्रभृति अंग्रेज़ी के रोमांटिक लेखकों द्वारा

बहु-प्रशंसित 'पेरि इप्सुस' का निम्नलिखित उद्धरण उल्लेखनीय है : 'प्रकृति ने मनुष्य को नीच और अधम गुणों वाले जीवों से भिन्न बनाया है। गोया वह हमें किसी विराट सभा में निमन्त्रित कर रही हो। वहाँ अपनी सृष्टि के दर्शक होने के लिए और गौरव के उत्सुक प्रतियोगी होने के लिए वह मानो हमें जीवन और जगत में ले आई। जो कुछ हमसे अधिक महान और दिव्य है उसके प्रति उसने एक अदम्य लालसा हमारे हृदय में भर दी। अतः मानवीय उद्यम के घेरे में कल्पना और चिन्तन की ऐसी शक्तियाँ वर्तमान हैं कि सम्पूर्ण विश्व भी उन्हें परितृप्त नहीं कर सकता। हमारी कल्पना प्रायः दिगंत को पार कर जाती है। जीवन को चारों ओर से देखो कि कैसे सभी वस्तुओं में असामान्य, महान और सुन्दर का स्थान सर्वोच्च है। अतः किसी सहजात प्रवृत्ति के कारण ही हम छोटी धाराओं की प्रशंसा नहीं करते, भले ही वे स्वच्छ और उपयोगी हों, बल्कि हम नाइल, डेन्यूब, राइन नदी और इन सबसे अधिक सागर से प्रभावित होते हैं। हम अपने लिए जो छोटी सी अग्निशिखा प्रज्वलित करते हैं वह स्पष्ट और स्थिर रहती है, फिर भी हम उसे स्वर्गिक ज्वालाओं की अपेक्षा अधिक संभ्रम से नहीं देखते, जो प्रायः अंधकार युक्त होती हैं, न ही हम उसे एतना के ज्वालामुखी से अधिक विस्मयकारी मानते हैं जो अपने विस्फोट में अतल गर्त से बड़े-बड़े पत्थर एवं वृहदाकार शिलाखण्ड बाहर फेंकता रहता है और कभी-कभी शुद्ध भीमाकार ज्वाला की नदियों को उछाल फेंकता है। पर इन सब विषयों के सम्बन्ध में इतना ही कहूँगा कि जो उपयोगी और आवश्यक है वह तुच्छ होता है, पर संभ्रम का अधिकारी तो हमेशा असाधारण ही होता है।'[55]

लोंगिनुस के इस कथन में रोमांटिक लेखकों ने निश्चय ही अपनी विशेष रुचि के अनुरूप केवल प्रकृति के विराट विस्मयकारी और असाधारण रूप को ही लक्षित किया; किन्तु पूरे कथन को उसकी समग्रता में देखने पर स्पष्ट हो जाता है कि लोंगिनुस ने विराट प्रकृति का उल्लेख अपनी मूल बात के दृष्टान्त के रूप में किया था। वस्तुतः लोंगिनुस की दृष्टि मानव-कल्पना में निहित विराटता की ओर थी और प्रकृति उस विराट कल्पना का आलम्बन मात्र है। उसकी दृष्टि में विराट प्रकृति इसलिए उदात्त है कि वह मानव मन को भी विराट बनाती है और अपनी विराटता के द्वारा उसे अनेक प्रकार की क्षुद्रताओं से ऊपर उठाती है। इस प्रकार लोंगिनुस का उदात्त उस बुनियादी विराटता पर आधारित है जिसमें मनुष्य और प्रकृति दोनों ही युगपत् भाव से हिस्सा लेते हैं। इस विराट विस्तार का निर्देश लोंगिनुस ने होमर के युद्ध-वर्णन के प्रसंग में भी किया है। होमर की कविता की पंक्तियाँ उद्धृत करते हुए लोंगिनुस टिप्पणी करता है कि 'वह उनकी (दिव्य अश्वों की) छलाँग का इतना विस्तार करता है जितनी दूरी पूर्व और पश्चिम के बीच है। इस वर्णन की भव्यता इतनी प्रबल है कि कहा जा सकता है कि यदि वे दिव्य

अश्व लगातार दो छलाँग लगाएँ तो विश्व की सीमा का अतिक्रमण कर जाएँगे।'[56] यह कथन जिन पंक्तियों को दृष्टि में रखकर किया गया है उनमें स्पष्टतः प्रकृति की किसी विराट वस्तु का उल्लेख नहीं बल्कि एक ऐसे अलौकिक व्यापार का वर्णन है जो अपने विस्तार में पूरे अनन्त को माप लेता है। इस विराट भावना को लोंगिनुस **'प्रबल भव्यता'** अथवा **'प्रबल उदात्त'** की संज्ञा देता है।

आकार की विराटता के अतिरिक्त लोंगिनुस **वेग की प्रबलता** तथा **उद्दाम गति** को भी उदात्त की संज्ञा देता है। वेग की प्रबलता का कुछ संकेत तो उन दिव्य अश्वों की छलाँग में भी मिलता है किन्तु इसका स्पष्ट उल्लेख सर्वश्रेष्ठ वक्ता दिमोस्थेनीस के सन्दर्भ में किया गया है। एक ओर दिमोस्थेनीस 'प्रत्येक युग के वक्ताओं को अपनी गर्जना और 'विद्युद्वेग' से परास्त कर देता है।'[57] तो दूसरी ओर 'अपने श्रोताओं को पूर्णतः अपने साथ बहा ले जाता है।'[58] इस प्रसंग में लोंगिनुस का यह कथन उल्लेखनीय है : 'उसके धाराप्रवाह भावोद्गार को निष्पलक देखने की अपेक्षा वज्रपात के सामने आँखें खोल देना सरल है।'[59]

भावाभिव्यक्ति की दृष्टि से लोंगिनुस के उदात्त में **उल्लास** के लिए प्रमुख स्थान है। इस भाव को स्पष्ट करने के लिए उसने होमर की निम्नलिखित पंक्तियाँ उद्धृत की हैं :

> दूर-दूर तक विस्तृत गिरिमाला, वन-कानन
> तुंग-शृंग, वह त्रिअ नगर सब थर्राये थे
> थर्रा उठीं अखैया के पोतों की पाँतें,
> अमर पदों के तले बढ़ा था पोसिदोन जब।
> फिर जब बढ़ा तरंगों पर वह, भीषण जलचर
> अपने स्वामी को पहचान, गह्वरों से उठ
> नाच-नाचकर क्रीड़ा करने लगे चतुर्दिक
> द्विधा हो गया सिन्धु हर्ष से अश्व उड़ चले।[60]

इन पंक्तियों में एक ओर त्रास और दूसरी ओर हर्ष का विराट चित्र उपस्थित किया गया है किन्तु स्पष्टतः त्रास का आरम्भिक चित्र परवर्ती हर्ष को उभारने में ही सहायक होता है। इस आधार पर कुछ लोगों ने यह प्रतिपादित करने का प्रयास किया है कि लोंगिनुस का उदात्त केवल उल्लासपरक था। इस स्थापना का एक आधार यह भी है कि लोंगिनुस के अनुसार उदात्त वाणी का प्रभाव 'एक्सतासिस' अर्थात् आनन्द के रूप में पड़ता है। लोंगिनुस के आनन्दवादी व्याख्याकारों ने इस धारणा के वशीभूत होकर यह निष्कर्ष भी निकाला है कि लोंगिनुस त्रासद स्थितियों तथा भावों को उदात्त के अनुकूल नहीं मानता था। यह धारणा कितनी भ्रान्त है, इसे प्रमाणित करने के लिए दो-तीन उदाहरण पर्याप्त होंगे। पहला उदाहरण है होमर

के काव्य से अज़क्स की यह उक्ति :

> द्योस, पितर हे, देव बचाओ अंधकार से
> आज अखैया के पुत्रों को ज्योति दिखाओ
> मिले हमारे नयनों को वरदान दृष्टि का
> और नष्ट करना ही हो तो करो उजागर।

कहना न होगा कि अज़क्स का यह आर्तनाद परम दुख की अभिव्यक्ति है। लोंगिनुस इसकी व्याख्या करते हुए कहता है कि 'ये अज़क्स की सच्ची अनुभूतियाँ हैं। वह अपने जीवन के लिए याचना नहीं करता क्योंकि ऐसी प्रार्थना वीरोचित नहीं है। किन्तु इस अशक्त कर देनेवाले अंधकार में वह अपने साहस का उपयोग किसी भव्य उद्देश्य के लिए नहीं कर पाता, अतः युद्ध में अपनी अकर्मण्यता से क्षुब्ध होकर वह तत्काल प्रकाश के लिए याचना करता है। उसे आशा है कि इस प्रकार वह कम-से-कम अपने साहस के अनुरूप अन्त्येष्टि तो पा सकेगा, भले ही फिर स्वयं जेफ़्स को ही उसके विरुद्ध क्यों न खड़ा कर दिया जाय[61] लोंगिनुस को इस आर्तनाद में भी 'वीरत्व व्यंजक उदात्त' का स्वर सुनाई पड़ता है।

होमर के अतिरिक्त प्रसिद्ध त्रासदीकार एरीपीदिस के विषय में लोंगिनुस कहता है कि 'यद्यपि उसकी प्रतिभा प्रकृत्या उदात्त नहीं है, फिर भी वह अनेक प्रसंगों में निरपवाद रूप से अपनी प्रतिभा को त्रासदीय उदात्त तक पहुँचा देता है।'[62] एक अन्य सन्दर्भ में लोंगिनुस ने इसी एरीपीदिस के इस दुःखबोधक कथन को उदात्त की संज्ञा दी है–'मेरा जीवन दुःखों से भर चुका है, अब और के लिए अवकाश नहीं है।' इसी प्रकार सैफ़ो के जिस प्रसिद्ध प्रगीत में लोंगिनुस ने उदात्त के दर्शन किए हैं वही अपनी भावाभिव्यंजना में उल्लास का व्यंजक कहाँ है? कहने की आवश्यकता नहीं कि उस गीत में प्रेम-वेदना की तीव्र अनुभूति को अभिव्यक्ति मिली है।

इन उदाहरणों के स्पष्ट है कि उदात्त के निरूपण में लोंगिनुस ने भय और करुणा की त्रासद अनुभूति को उदात्त के दायरे से बाहर नहीं किया था। लोंगिनुस की दृष्टि में कोई भाव अपने आप में उदात्त या अनुदात्त नहीं होता–उदात्त होता है वह अपने संदर्भ और कलात्मक निर्वाह से। यदि कवि में प्रतिभा और कला न हो तो सुखात्मक भाव भी उदात्त का स्तर प्राप्त नहीं कर सकता। इसके विपरीत प्रतिभा और कला के योग से दुःखात्मक भाव भी उदात्त की गरिमा प्राप्त कर सकते हैं।

इसी प्रकार प्रबल भावावेग का पक्षपाती लोंगिनुस अपनी द्वन्द्वात्मक बुद्धि से नितान्त शान्त वाणी में भी उदात्त के दर्शन कर सकने में समर्थ था। इस प्रसंग

में वह प्लेटो के 'गणतन्त्र' से एक नैतिक उपदेशों से पूर्ण अंश उद्धृत करते हुए कहता है कि 'प्लेटो अपनी निःशब्द वाग्धारा के बावजूद महान है।'[63]

सारांश यह है कि लोंगिनुस का उदात्त एक ऐसी व्यापक अवधारणा है जिसमें प्राकृतिक विराटता, अलौकिक विस्तार, मानवीय गरिमा, भावों की प्रबलता, उद्दाम आवेग, मानसिक ऊर्जा, विस्मयकारी असाधारणता आदि के साथ-साथ परिशान्ति और सरलता का भी समावेश है। लोंगिनुस की विलक्षणता इस बात में है कि अन्य प्रसंगों की तरह वह यहाँ भी अपनी उदात्त की परिकल्पना में क्लासिक और रोमांटिक दोनों प्रवृत्तियों की सीमाओं का अतिक्रमण कर एक अनूठा मार्ग दिखाता है।

5

कवि-कर्म के रूप में आनन्द की प्रतिष्ठा लोंगिनुस की ऐसी देन है जो एक ओर उसे होरेस जैसे अलंकारशास्त्री से और दूसरी ओर अरस्तू जैसे काव्यशास्त्री से भिन्न करती है। लोंगिनुस का अपना शब्द 'एक्सतासिस' है, जिसका प्रयोग उसने काव्य के प्रभाव की व्याख्या के सन्दर्भ में किया है। अंग्रेज़ी में इसके लिए विद्वानों ने 'ट्रांसपोर्ट' शब्द का प्रयोग किया। कहना न होगा कि प्राचीन साहित्यशास्त्र के इतिहास में यह स्वर एकदम नया था। इससे पहले वक्तृत्वशास्त्र में वक्तृता के समान ही कविता का चरम लक्ष्य भी अनुनयन माना जाता था। वक्तृत्व-शास्त्रियों का ध्यान मुख्यतः भाषा, शैली और अलंकार पर था। उनकी धारणा थी कि इन तत्त्वों में निपुणता प्राप्त कर लेने से श्रोताओं या पाठकों को आसानी से कायल किया जा सकता है। ऐसे वाग्मी वक्ताओं और कुशल कवियों के लिए भावों का महत्त्व विशेष न था और जहाँ भावों का महत्त्व ही अधिक न हो वहाँ गहरे प्रभाव की अपेक्षा ही कैसे की जा सकती है। अस्तु जैसा साध्य वैसा साधन। कविता घटिया चमत्कारवादी स्तर पर गिरने के लिए अभिशप्त थी।

उदात्त काव्य का अभिलाषी लोंगिनुस स्पष्टतः इस स्थिति से सन्तुष्ट नहीं रह सकता था। उसने वक्तृत्वशास्त्र की परम्परा से भिन्न उदात्त के साधक तत्त्वों में शैली से अधिक महत्त्वपूर्ण स्थान 'महान और पुष्ट विचारों के धारण की क्षमता' और 'प्रबल भावावेग की प्रेरणा' को दिया। अलंकारशास्त्र के ग्रन्थों की व्याख्या से अपना स्पष्ट मतभेद व्यक्त करते हुए उसने कहा : 'वक्तृत्वशास्त्र की पुस्तकों में की गई व्याख्याओं से मुझे सन्तोष नहीं होता। उनका कहना है कि विस्तारणा वह भाषा है जो विषय को भव्यता प्रदान करती है।'[64] गरज़ यह कि वह किसी अलंकार-प्रयोग या उक्ति-कौशल को भव्यता प्रदान करने का श्रेय नहीं देता।

लोंगिनुस ने एक ओर काव्य में भावों का महत्त्व-निरूपण करके वक्तृत्वशास्त्र

की परम्परा में अपनी विशिष्ट सत्ता की घोषणा की और दूसरी ओर 'एक्सतासिस' की स्थापना द्वारा काव्यशास्त्र की परम्परा में भी अपनी पृथक सत्ता प्रमाणित की। कविता का प्रभाव संवेगों पर होता है–यह प्लेटो भी स्वीकार करता था और अरस्तू भी। यह प्रभाव अनुरंजनकारी होता है–यह भी उन्होंने स्वीकार किया है। किन्तु प्लेटो ने मनुष्य की चेतना में विवेक और संवेग के बीच अन्तर करते हुए भावों को अवर कोटि में स्थान दिया। स्वभावतः उसने उन सभी कलात्मक प्रयासों को गर्हित माना जो भावों को उत्तेजित कर उनका पोषण करते हैं। और तो और भावों की निर्द्वन्द्व अभिव्यक्ति को वह अनैतिक और अशोभन मानता था अतः भावोत्तेजक कविता उसकी दृष्टि में श्रेष्ठ कैसे हो सकती थी।

अरस्तू का सारा श्रम काव्य को प्लेटो के इस प्रहार से उबारने में व्यय हुआ। उसने विरेचन सिद्धान्त की स्थापना के द्वारा त्रासदी के प्रभाव को शोधक सिद्ध किया और इस प्रकार वह उसके नैतिक औचित्य को प्रमाणित करने में ही लगा रहा। परन्तु विरेचन सिद्धान्त की स्थापना करने की आवश्यकता ही उसे इसलिए पड़ी कि भावों को उसने भी बुद्धि-विवेक की तुलना में हीन स्वीकार किया। अतः उत्तेजना के माध्यम से रेचन और परिशुद्धि पर उसकी दृष्टि जमी रही। इस प्रक्रिया से प्राप्त होनेवाले आनन्द को अपने आप में वह काव्य का मूल्य या विशेष सिद्धि न ठहरा सका।

विरासत में मिलने वाली इस काव्यशास्त्रीय परम्परा में जो स्वर लोंगिनुस ने जोड़ा वह न केवल अभूतपूर्व और विशिष्ट था बल्कि उसमें एक ताज़गी भी थी। अरस्तू प्रकारान्तर से आनन्द-सिद्धान्त को उसकी नैतिक अर्थापत्ति के कारण स्पष्ट स्वीकार करने से कतराता रहा। सम्भवतः उस पर प्लेटो का आतंक निःशेष नहीं हुआ था। जबकि लोंगिनुस ने सीधे उसका सामना किया और हल खोज निकाला। इसका अभिप्राय यह नहीं कि ऐसा करके लोंगिनुस ने नैतिक स्तर को नीचे गिराया। उसने केवल उसे कलात्मक स्तर से ऊँचा स्थान नहीं दिया।

लोंगिनुस की 'एक्सतासिस' या 'ट्रांसपोर्ट' की अवधारणा पूर्णतः नैतिक है। 'ट्रांसपोर्ट' वस्तुतः आनन्द का नैतिक आयाम है जो अनुनयन, विरेचन, उन्नयन आदि की पूर्व प्रचलित अवधारणाओं के लिए चुनौती है। यह एक ऐसा अनुभव है जो 'स्वभावतः हमें ऊपर उठाता है : इस गर्वोन्नत मनःस्थिति में हम आनन्दपूर्ण अहंकार का अनुभव करते हैं।'[65] यह अनुभव न अनैतिक है न विरेचक बल्कि उन्नयनकारी होने के कारण सर्वथा नैतिक है। साथ ही उस प्रभाव से सदैव श्रेष्ठ है, 'जो केवल तर्कसंगत और मनोरंजक है।' क्योंकि यह तर्क-युक्ति-क्रम से हमें कायल नहीं करता बल्कि 'विस्मय का उद्रेक करता है।' अतः 'निरपवाद रूप से हमें मन्त्र-मुग्ध कर लेता है।'[66]

लोंगिनुस ने उदात्त का साक्षात्कार एक ऐसी कलात्मक शक्ति के रूप में

किया है जो मनुष्य के सम्पूर्ण व्यक्तित्व को दुर्निवार रूप से प्रभावित करती है। वह उसे ऊपर उठाती है, प्रोत्साहित करती है, उत्तेजित करती है और इस प्रक्रिया में उसकी प्रकृति में गहरे छिपे संवेदनों का पोषण करती है।

नैतिक कारणों से काव्य की निन्दा करने पर भी प्लेटो काव्य की इस दुर्निवार शक्ति से भलीभाँति परिचित था और इस दृष्टि से लोंगिनुस उतने ही अंशों में अरस्तू की अपेक्षा प्लेटो के अधिक निकट था। एटकिन्स ने कहा है कि अरस्तू के समान लोंगिनुस भी यह मानता था कि साहित्य का प्रभाव मुख्यतः संवेगों के माध्यम से पड़ता है और उसकी प्रकृति विरेचक होती है–अगरचे कहीं वह इस सिद्धान्त की ओर संकेत नहीं करता। परन्तु वह आगे बढ़कर एक ऐसे सिद्धान्त पर प्रकाश डालता है जिसका अन्तर्भाव अरस्तू के सिद्धान्त में नहीं है। लोंगिनुस में विरेचन की परिकल्पना एक अधिक व्यापक और उत्साहवर्धक (ओजस्वी) प्रक्रिया के रूप में मिलती है जो मनुष्य की उच्चतर प्रकृति को आलिंगित किए रहती है। ज़ाहिर है कि कलात्मक प्रभाव की यह व्यापक अवधारणा लोंगिनुस के पूर्ववर्तियों की तुलना में कहीं अधिक आधुनिक है।[67]

यह सही है कि लोंगिनुस ने काव्य के प्रभाव को ऊर्जा, उत्साह, ओज के रूप में देखा है परन्तु यह परिकल्पना अरस्तू के विरेचन-सिद्धान्त का बढ़ाव मात्र है, यह कहना विशेष संगत नहीं लगता। अरस्तू का विरेचन एक प्रकार का उपचार है जिसकी कल्पना विशेषकर त्रासदी के सन्दर्भ में की गई है, जबकि लोंगिनुस का 'आनन्द' एक उपलब्धि है जिसका पोषक आधार महाकाव्य, त्रासदी, प्रगीत, 'उत्पत्ति ग्रन्थ' और प्लेटो के संवाद सभी तक विस्तृत है।

लोंगिनुस का 'आनन्द-सिद्धान्त' इस प्रकार किसी पूर्व-परम्परा का बढ़ाव न होकर अपने आप में बेजोड़ है। एलेन टेट ने उसकी विलक्षणता को लक्ष्य करते हुए सही कहा है कि 'उसकी अन्तर्दृष्टि, प्राचीन चिन्तन-परम्परा में सम्भवतः अद्वितीय है। उसकी यह अद्वितीयता वक्तृत्व के द्वारा 'अनुनयन' और साहित्य के द्वारा 'आत्मातिक्रमण' को अलगाने में निहित है।'[68]

लोंगिनुस साहित्य में असाधारणता का समर्थक था। जो असाधारण है वह अपने श्रोता पर अनुनयन का नहीं सम्मोहन का प्रभाव छोड़ता है। वह उसे विस्मय-विमुग्ध कर देता है। अतः वह मात्र अनुरंजक या अनुनयनकारी की तुलना में सदा अधिक प्रभावशाली अतः श्रेष्ठ होता है।

लोंगिनुस ने 'आनन्द' की चर्चा उदात्त काव्य के सन्दर्भ में की है। जो कृति-पक्ष में उदात्त है वही श्रोता-पक्ष में 'आनन्द' है। ग्रीक के 'एक्सतासिस' का अंग्रेज़ी अनुवाद 'ट्रांसपोर्ट' उस प्रक्रिया की ओर संकेत करता है जिसके द्वारा श्रोता या पाठक आनन्द की भावस्थिति तक पहुँचता है। यह प्रक्रिया है 'आत्मातिक्रमण' यानी आरोहण। किन्तु यह क्रमशः घटित न होकर मानो आकस्मिक रूप में घटित

होती है। कविनिष्ठ प्रतिभा से उत्पन्न कृतिनिष्ठ उदात्त सहसा बिजली की सी कौंध से पाठक को चौंधिया कर उसकी सम्पूर्ण चेतना पर हावी हो जाता है। उसके दुर्निवार प्रभाव से बचना असम्भव है। किन्तु यह प्रभाव अवनयनकारी न होकर उन्नयनकारी होता है। वह आत्मा के उत्कर्ष का साधक होता है। वह पाठक को विस्मयाभिभूत कर लेता है। 'उसके प्रभाव का संवरण कष्टकर ही नहीं दुर्निवार होता है।' किन्तु इसका आक्रमण जितना आकस्मिक होता है उतना अस्थिर नहीं। आनन्द की यह अनुभूति केवल तत्काल अनुभव का विषय ही नहीं होती बल्कि स्मृति पर स्थिर रूप में अंकित हो जाती है। इसका सम्मोहन जितना आकस्मिक और अप्रत्याशित होता है उतना ही स्थायी भी। कहना व्यर्थ है कि काव्य के प्रभाव की इस रूप में कल्पना करके लोंगिनुस ने एकबार ही काव्यशास्त्र और वक्तृत्वशास्त्र की उस परम्परा से छुटकारा पा लिया, जिसका प्रभुत्व अरस्तू के बाद से पश्चिमी चिन्ताधारा पर छाया हुआ था।

6

कवि-प्रतिभा को उदात्त की सृष्टि में प्रमुखता देकर लोंगिनुस ने कवि को काव्यचिन्तन के केन्द्र में प्रतिष्ठित किया। इससे काव्यचिन्तन की धारा पाठक और काव्य से ध्यान हटाकर कवि की ओर उन्मुख हुई। पाश्चात्य काव्यशास्त्र के इतिहास में बल का यह अपसरण इतना निर्णायक साबित हुआ कि इसके लिए लोंगिनुस को ऐतिहासिक महत्त्व दिया जाता है। परवर्ती रोमांटिक कवियों और लेखकों ने 'पेरि इप्सुस' के इसी पक्ष से प्रेरणा ग्रहण करके भावाभिव्यंजनावादी काव्य-सिद्धान्त का विकास किया। इस रोमांटिक विकास से स्वभावतः लोंगिनुस के इस पक्ष को अतिरिक्त महत्त्व प्राप्त हुआ।

कवि और उसकी प्रतिभा में दिलचस्पी लोंगिनुस से पहले बिल्कुल न पाई जाती हो, ऐसा नहीं है। जैसा कि विमसाट[69] ने लक्षित किया है, होरेस ने भी कवि-प्रतिभा में दिलचस्पी ली थी, किन्तु यह सही है कि कवि-प्रतिभा को जो महत्त्व लोंगिनुस ने दिया वह होरेस ने नहीं दिया। इसके अतिरिक्त होरेस से काफ़ी पहले प्लेटो के संवादों में भी कविता की मूल प्रेरणा के विषय में जिज्ञासा व्यक्त की गई है। 'इओन' नामक पूरा संवाद काव्य की प्रेरणा से ही सम्बद्ध है। किन्तु प्लेटो की दृष्टि में कविता का प्रभाव इतना रहस्यात्मक था कि उसे उसका मूल उत्स मानवोपरि दैवी प्रेरणा में दिखाई पड़ा। इसके विपरीत लोंगिनुस की विशेषता यह है कि उसने कविता के मूल उत्स को स्वयं मानव-आत्मा में अवस्थित माना। यह लोंगिनुस के मानववाद का प्रमाण है।

लोंगिनुस की एक महत्त्वपूर्ण उक्ति है कि 'औदात्य महान आत्मा की प्रतिध्वनि है।'[70] दूसरे शब्दों में उदात्त वाणी उदात्त आत्मा से ही निकल सकती है। अपने इस कथन पर और बल देने के लिए उसने आगे चलकर निषेधात्मक रूप में इस प्रकार कहा कि : 'जीवन-पर्यन्त जिनके विचार और आदतें क्षुद्र और अधम रही हैं उनके लिए अमर और अद्भुत रचना करना असम्भव है।'[71] लोंगिनुस की ये उक्तियाँ निर्भ्रान्त रूप में कवि और कवि की आत्मा की प्रमुखता स्थापित करती हैं। संकेत स्पष्ट है कि केवल कला-कौशल से श्रेष्ठ काव्य की रचना असम्भव है। यदि कोई कवि अपने विचारों में क्षुद्र लेकिन कला-कौशल में दक्ष हो तो वह कोशिश करके भी उदात्त काव्य की सृष्टि नहीं कर सकता। कहने की आवश्यकता नहीं कि लोंगिनुस की यह स्थापना शास्त्रवादी आलंकारिकों के लिए चुनौती है। इस स्थापना में सारे रीतिवाद, अलंकारवाद और कलावाद के खंडन का बीज विद्यमान है।

'पेरि इप्सुस' के आरम्भिक अध्यायों की 'प्रकृति बनाम कला' सम्बन्धी सम्पूर्ण चर्चा का वास्तविक सन्दर्भ यही है और यदि इस सन्दर्भ में लोंगिनुस की तत्सम्बन्धी मान्यताओं का विश्लेषण करें तो काव्य-सृजन सम्बन्धी एक व्यवस्थित काव्य-सिद्धान्त निर्मित हो सकता है।

लोंगिनुस ने उदात्त काव्य के जिन पाँच स्रोतों का वर्णन किया है उनसे यह संकेत मिलता है कि वह काव्य के ये पाँच पक्ष या तत्त्व मानता था : विचार, भाव, अलंकार, पद-रचना और समग्र प्रभाव या संरचना। इन पाँचों तत्त्वों के मूल में वस्तुतः दो ही तत्त्व हैं : प्रकृति और कला। व्यावहारिक दृष्टि से विचार और भाव प्रकृति के अन्तर्गत आते हैं तथा अलंकार, पदरचना एवं समग्र संरचना कला के अन्तर्गत। किन्तु विचार-क्रम में यह उद्घाटित होता है कि अलंकार, पदरचना एवं समग्र संरचना आदि कला के तत्त्व भी मूलतः विचार और भाव से नियमित होते हैं। इसीलिए वह प्रत्येक तत्त्व के स्वतन्त्र महत्त्व को स्वीकार करते हुए भी 'नैसर्गिक प्रतिभा' को सर्वोपरि महत्त्व देता है।[72] इस सन्दर्भ में लोंगिनुस का यह कथन अत्यन्त अर्थगर्भित है कि 'इस तथ्य का बोध कला से ही होता है कि साहित्य में कुछ प्रभाव केवल नैसर्गिक प्रतिभा से ही उत्पन्न होते हैं।'[73]

इस कथन से एक निष्कर्ष तो यह निकलता है कि साहित्य में केवल नैसर्गिक प्रतिभा से **कुछ** ही प्रभाव उत्पन्न होते हैं, **सभी** प्रभाव नहीं। तात्पर्य यह कि कुछ प्रभाव केवल कला से भी उत्पन्न हो सकते हैं। किन्तु यदि दोनों प्रभावों के बीच श्रेष्ठता के निर्णय का प्रश्न उठे तो लोंगिनुस निश्चय ही केवल नैसर्गिक प्रतिभा से उत्पन्न होनेवाले प्रभावों को श्रेष्ठतर मानेगा जैसा कि वह सदोष प्लेटो को निर्दोष लिसीअस से श्रेष्ठ घोषित करता है।[74]

लोंगिनुस कला की सर्वथा उपेक्षा नहीं करता, किन्तु उसे गौण से अधिक

महत्त्व भी नहीं देता। इस दृष्टि से 'पेरि इप्सुस' का यह उद्धरण उल्लेखनीय है : 'सामान्य रूप से कहा जा सकता है कि निर्दोषता का गुण कला से आता है और उत्कर्ष की चरम सीमा (भले ही वह समरूप न हो) प्रतिभा से प्राप्त होती है; अतः उचित यही है कि कला सदा प्रकृति की सहायक हो।'[75] इस कथन से स्पष्ट है कि कला किसी कृति को अधिक से अधिक निर्दोष बना सकती है; वह किसी कृति को उत्कर्ष प्रदान नहीं कर सकती। उत्कर्ष का स्रोत तो निश्चित रूप से प्रतिभा ही है।

प्रश्न यह है कि इस प्रतिभा के विषय में कुछ किया जा सकता है या नहीं? लोंगिनुस ने प्रकृति और प्रतिभा को कुछ इस प्रकार परस्पर-विनिमेय और वैकल्पिक रूप में इस्तेमाल किया है और कभी-कभी उसके साथ जन्मजात विशेषण भी लगा दिया है कि प्रतिभा के विषय में कुछ भी करणीय सम्भव नहीं दिखता। किन्तु इसके साथ ही इस तरह के भी कथन मिलते हैं कि 'यद्यपि यह भी अर्जित गुण न होकर प्रकृति-प्रदत्त होती है तथापि हमें भरसक अपने मन को उदात्त के अनुरूप शिक्षा देनी चाहिए तथा उसे पुनः-पुनः भव्य प्रेरणा से गर्भित करना चाहिए।'[76] इस कथन में स्पष्ट संकेत है कि प्रतिभा के लिए शिक्षा आवश्यक है।

यदि लोंगिनुस प्रतिभा को जन्मजात मानकर निश्चिन्त हो जानेवाला होता तो अपने समकालीन कवियों को बार-बार पूर्ववर्ती महान कवियों से प्रेरणा लेने की शिक्षा नहीं देता। इस सन्दर्भ में लोंगिनुस द्वारा उद्धृत पिथीआ की पुजारिन का दृष्टान्त अत्यन्त संकेतपूर्ण है। वह लिखता है : 'बहुत से लोग दूसरों की प्रेरणा से स्वयं प्रेरित हो जाते हैं। जैसा कि पिथीआ की पुजारिन की कथा है। वह ज्यों ही तिपाई (वेदी) के पास पहुँचती है, जिसके बारे में कहा जाता है कि 'धरती की दरार से एक अलौकिक भाप उठती है', वह अलौकिक शक्ति से संपृक्त हो जाती है और तत्काल भविष्यवाणी करने के लिए प्रेरित हो उठती है। इसी प्रकार प्राचीन लेखकों की नैसर्गिक प्रतिभा से उनके प्रशंसकों के हृदय में ऐसी धारा प्रवाहित होती है, मानो वह किसी सन्त के मुख से निःसृत हो रही हो। इससे प्रेरित होकर ऐसे व्यक्ति भी जो सरलता से दैवी शक्तियों से भी उत्प्रेरित नहीं होते, दूसरों की महानता के उत्साह में हिस्सेदार हो जाते हैं।'[77]

इस कथन से स्पष्ट है कि एक कवि के लिए दूसरा महान कवि प्रेरणास्पद हो सकता है और उस प्रेरणा का प्रभाव दैवी शक्ति के समान हो सकता है। लोंगिनुस के इस कथन से ऐसा आभास मिलता है कि एक महान लेखक के सम्पर्क से दूसरे सामान्य लेखक की प्रतिभा में गुणात्मक परिवर्तन आ जाता है। यह परिवर्तन या रूपान्तरण ऐसा होता है जैसे उसके अन्तर्गत उस महान लेखक की प्रतिभा संक्रमित हो गई हो। कहना न होगा कि लोंगिनुस की यह मान्यता शास्त्रवादी अनुकरण-सिद्धान्त से कितनी भिन्न है। लोंगिनुस शास्त्रवादियों के समान पूर्ववर्ती

महान लेखकों की शैली अथवा कलात्मक युक्तियों के सायास अनुकरण की बात नहीं करता, बल्कि उनके सम्पर्क से अपनी आत्मा के रूपान्तरण की बात करता है। स्पष्टतः यह कथन ग्रीक-रोमन काव्यशास्त्र में सर्वथा नया स्वर है। स्पष्टतः यह स्वर शास्त्रवाद से भिन्न परवर्ती रोमांटिक धारणा के अधिक निकट है। लोंगिनुस इस मान्यता का इतना कायल था कि उसने अपने मित्र को सम्बोधित करते हुए लिखा है : 'प्रिय मित्र, यही लक्ष्य है जिसके साथ हमें अपनी पूरी शक्ति के साथ चिपटे रहना चाहिए।'[78] इस प्रसंग से यह निष्कर्ष निकालना असंगत न होगा कि लोंगिनुस प्रतिभा को एक स्तर पर अर्जित भी मानता था।

प्रतिभा को शिक्षा के द्वारा अर्जित करने की सम्भावना दिखलाने के साथ ही लोंगिनुस प्रतिभा के नियन्त्रण, नियमन और अनुशासन का भी कायल था। 'पेरि इप्सुस' में यह स्पष्ट कहा गया है कि 'यदि हम यह मान भी लें कि भावों की उदात्त भूमिका में प्रकृति प्रायः नियमरहित होती है तो भी ऐसा नहीं है कि प्रकृति के कार्य पूर्णतः अनियमित और यादृच्छिक रूप में घटित हों।'[79] लोंगिनुस प्रकृति के अनियमित होने का निषेध करके ही सन्तुष्ट नहीं होता। इससे आगे बढ़कर वह उस खतरे की ओर संकेत करता है जो प्रतिभा को वैज्ञानिक (अर्थात् कलात्मक) पद्धति के नियन्त्रण से मुक्त छोड़ने पर उत्पन्न होता है। लोंगिनुस के ही शब्दों में 'हमें याद रखना चाहिए कि जब भव्यता को वैज्ञानिक पद्धति के नियन्त्रण से मुक्त—बिना किसी आधार या अवधारक के शिक्षाहीन संवेग के प्रवाह पर छोड़ दिया जाय तो उसमें खतरे कहीं अधिक होते हैं।'[80]

यदि लोंगिनुस के इस कथन में एक शास्त्रवादी के स्वर का आभास मिले तो यह नहीं भूलना चाहिए कि वह वस्तुतः एक शास्त्रवादी युग का चिन्तक था। इससे सम्भवतः निरंकुश एवं यादृच्छिक रोमांटिकों को कुछ निराशा भी हो सकती है, किन्तु लोंगिनुस का यह सन्तुलन उसे इस विषय में भी क्लासिकी और रोमांटिक दोनों सम्प्रदायों से ऊपर एक अप्रतिम साहित्य-चिन्तक के रूप में प्रतिष्ठित करता है। इसके बावजूद एक बात निर्विवाद है कि लोंगिनुस का काव्यसिद्धान्त अपने दृष्टिकोण में मूलतः कवि-केन्द्रित था और उसकी दृष्टि में कवि की आत्मा की ऊँचाई या गहराई ही काव्य की श्रेष्ठता की कसौटी है।

7

उदात्त के प्रतिष्ठापक लोंगिनुस को जितने सहज भाव से कल्पना-प्रेमी समझा जाता है उतने ही सहज रूप में उसे यथार्थ से उदासीन माना जा सकता है। उसके सम्बन्ध में इस भ्रम के लिए बहुत गुंजाइश है कि काव्य या वक्तृता को वह यथार्थ से

भिन्न, कल्पना के क्षेत्र की वस्तु मानता होगा। परन्तु यह सुखद विस्मय का विषय है कि उदात्त तत्त्व का विवेचन करते हुए अनेक रचनाओं का तिरस्कार उसने इसलिए किया है कि वे अविश्वसनीय 'अजनबीपन' का बोध जगाती हैं, जबकि इसके ठीक विपरीत कुछ अन्य कविताओं की प्रशंसा वह इसलिए करता दिखाई पड़ता है कि उनकी विषयवस्तु का चयन जीवन की वास्तविक अनुभूतियों के क्षेत्र से किया गया है। जिस होमर की कल्पना के दिगन्तव्यापी प्रसार और प्रयोग का वह मुक्त प्रशंसक है उसी की रचना इलिअद की तुलना में ओदेसी को वह इसलिए 'इलिअद का उपसंहार' मानता है कि उसमें 'बहुमुखी प्रवाह की तीव्रता और यथार्थता तथा वास्तविक जीवन से गृहीत छलकती हुई बिम्बमाला भी नहीं मिलती।'[81] ओदेसी का कवि जब 'अविश्वसनीय रोमांचक क्षेत्रों में विचरण करता है' तो मानो अपनी 'महानता के उतरते ज्वार का साक्षात्कार' कराता है। ओदेसी में आए अनेक प्रसंग इसलिए लोंगिनुस की आलोचना के विषय हैं कि कवि ने उनमें अविश्वसनीय कथा-प्रसंगों की सृष्टि की है। भले ही वह होमर जैसे कृती कवि की वृद्धावस्था की रचना है, फिर भी तथ्य यही है कि इनमें से प्रत्येक अनुच्छेद में 'यथार्थ कल्पना के हाथों पराजित हुआ है।' और यही इलियद की तुलना में उसकी अपकृष्टता का कारण भी है।

जिस युग में लोंगिनुस का आविर्भाव हुआ उस समय साहसिक रोमांस काव्यों को शास्त्रीय क्लासिकी परम्परा में बँधी त्रासदी और महाकाव्यों की तुलना में हेय दृष्टि से देखा जाता था। लोंगिनुस मूलतः एक ऐसा ग्रीक था जो प्लेटो और अरस्तू की परम्परा से अपने को पूर्णतः मुक्त नहीं कर पाया था। इसीलिए सेण्ट्सबरी ने लोंगिनुस के इस यथार्थ-प्रेम को उसके शास्त्रवादी संस्कार का परिणाम बताया है। ओदेसी रोमांटिक काव्य-परम्परा का पहला और सम्भवतः सर्वश्रेष्ठ काव्य है जिसमें रोमांस की अन्य विशेषताओं के साथ तथ्य और कल्पना का अद्‌भुत साहचर्य मिलता है। लोंगिनुस क्लासिकी दृष्टि से न पूर्णतः मुक्त था न आबद्ध। इसलिए वह ओदेसी के सौन्दर्य से अप्रभावित तो न रह सका, पर उसकी आलोचना के लिए उसने प्रतिभा के अवरोहण का जो सिद्धान्त गढ़ डाला, उसका कोई औचित्य नहीं है।

लोंगिनुस की यथार्थ-दृष्टि केवल घटनाप्रधान प्रबन्धों तक सीमित हो, ऐसा नहीं है। जहाँ ओदेसी के वस्तु-चयन में वह यथार्थ के आग्रह का प्रमाण देता है वहाँ सैफ़ो का प्रेम-गीत अन्य कारणों के साथ इसलिए भी लोंगिनुस को प्रभावित करता है कि कवयित्री 'सदा वास्तविक जीवन के भावचक्र में से'[82] प्रेम के सहवर्ती भावों का चुनाव करती है।

गरज़ यह कि चाहे ओदेसी की सी विराट विषयवस्तु हो या सैफ़ो की ललित गीत-रचना, वस्तुनिष्ठ घटनाचक्र हो या आत्मनिष्ठ भावानुभूतियाँ, उनका आधार

वास्तविक जीवन ही होना चाहिए।

अविश्वसनीय रोमानवाद के विरुद्ध यथार्थ की प्रतिष्ठा के आग्रह को लोंगिनुस ने कविता से वक्तृता तक और काव्यवस्तु से काव्यशिल्प तक बनाए रखा है। 15वें अध्याय में भाषण-कला का जिक्र करते हुए उसने फिर कहा कि 'भाषण-कला में कल्पना का सर्वोत्तम प्रभाव सदा उसकी वास्तविकता और सत्य में होता है। किन्तु जब भाषण की बुनावट काव्यात्मक और रोमानी होती है और हर प्रकार की असम्भाव्यताओं में भटक जाती है तो ऐसे अपवाद विचित्र और अजनबी लगते हैं।' और इस प्रसंग से कुछ ही पहले वह कविता में अतिशयोक्ति के प्रयोग के प्रति इसलिए सावधान कर चुका था कि विवेचन के लिए चुने गए उदाहरणों में 'अतिशयोक्ति की एक ऐसी रोमानी प्रवृत्ति दिखाई पड़ती है जो विश्वसनीयता की सीमाओं का अतिक्रमण कर गई है।'

प्रश्नालंकार और विपर्यय अलंकार का विवेचन करते हुए पुनः लोंगिनुस ने विश्वसनीयता का सवाल उठाया है और इस बात पर जोर दिया है कि अलंकारों का प्रयोग इस रूप में किया जाना चाहिए कि वे 'सम्पूर्ण प्रसंग को न केवल उदात्त बल्कि अधिक विश्वसनीय' बना दें। यह एक ऐसा गुण है जो संवेग के स्वाभाविक विस्फोट से पैदा होकर अलंकार की सहायता से सम्पूर्ण प्रसंग को ऐसा सहज रूप देता है कि वह पूर्व-नियोजित प्रतीत न होकर 'स्थितिप्रसूत' जान पड़ता है। यही सहजता जो विचार-प्रसूत न होकर परिस्थिति-प्रेरित जान पड़े, जिसके पीछे बनावटीपन या अजनबीपन न होकर तात्कालिकता का आग्रह हो, उदात्त का प्राण होती है, क्योंकि ऐसे प्रसंग ही उदात्त के उत्कृष्ट उदाहरण माने जाते हैं।

स्पष्ट है कि अपने सम्पूर्ण कल्पना-प्रेम, रोमानवाद, ऊर्जा, उत्साह और विस्मय के समर्थन के बावजूद लोंगिनुस काव्य और वक्तृता में यथार्थवाद यानी विश्वसनीयता या सम्भाव्यता की रक्षा का प्रबल समर्थक था, जिसका निर्वाह उसने अलंकार, भाषा, आवेग, प्रसंग-विधान और विषय-चयन सभी स्तरों पर अनिवार्य माना है।

8

काव्य में बिम्ब की चर्चा सामान्यतः आधुनिक आलोचना की अपनी विशिष्टता मानी जाती है और अक्सर यह मान लिया जाता है कि प्राचीन साहित्य-चिन्तक इस काव्य-तत्त्व से अनभिज्ञ थे। किन्तु अनेक अन्य विषयों के समान लोंगिनुस बिम्ब सम्बन्धी चर्चा में भी पर्याप्त आधुनिक है।

लोंगिनुस ने बिम्बों की चर्चा मुख्यतः 15वें अध्याय के आरम्भ में की है। किन्तु उसके ग्रीक शब्द 'फ़ैण्टेसिया' का अंग्रेज़ी अनुवाद विद्वानों ने विकल्प से 'इमेज' और 'इमेजिनेशन' दोनों रूपों में किया है। यहाँ तक कि रीज़ रॉबर्ट्स ने एक स्थल पर तो दोनों का प्रयोग पर्याय रूप में किया है। अतः लोंगिनुस का आशय कहाँ बिम्ब से था और कहाँ कल्पना से, इसका निश्चय प्रसंग के आधार पर ही किया जा सकता है। बिम्ब और कल्पना के लिए एक ही शब्द का प्रयोग करने का कारण यह रहा होगा कि जिस समय लोंगिनुस ने 'पेरि इप्सुस' की रचना की तब तक साहित्यशास्त्र में न तो स्वतन्त्र रूप से बिम्ब की सैद्धान्तिक अवधारणा का विकास हुआ था और न कल्पना-सिद्धान्त का। बिम्ब का अर्थ था 'मानस चित्र' और उसके प्रयोग का आधार थी कल्पना-शक्ति। अतः ग्रीक साहित्यशास्त्र में दोनों के लिए एक ही शब्द प्रचलित था—'फ़ैण्टेसिया' जिसे लोंगिनुस ने सहज भाव से ग्रहण कर लिया।

काव्य में बिम्ब की सार्थकता लोंगिनुस इस बात में मानता था कि वह वर्ण्य विषय का 'मानस चित्र' श्रोता की आँखों के सामने प्रत्यक्ष करता है। यानी विषयवस्तु को अधिक मूर्त और सचित्र रूप प्रदान करता है। इसलिए पहली बात तो यह कि बिम्बों की धारणा लोंगिनुस के मन में ऐसे दृश्य-बिम्बों के रूप में थी जो श्रोता या पाठक के मन में विषयवस्तु का कल्पना-सापेक्ष मानव-चित्र उपस्थित करके उसमें भावोत्तेजना पैदा करते हैं। दूसरी बात जो लोंगिनुस के बिम्ब-प्रकरण में विशेष महत्त्वपूर्ण है, वह यह है कि वह भाषण में बिम्ब का एक उपयोग मानता है और कविता में दूसरा। लोंगिनुस के अपने ही शब्दों में 'जहाँ कविता का उद्देश्य सम्मोहित करना है, वहाँ गद्य का उद्देश्य वस्तुओं को सजीव वर्णन के द्वारा प्रत्यक्ष करना।'[83] परन्तु साथ ही उसने यह भी माना है कि 'प्रत्यक्षीकरण और भावोत्तेजन दोनों का लक्ष्य है।'[84] एरीपीदिस से जिस उदाहरण का चुनाव लोंगिनुस ने किया है, उसमें भी प्रशंसा का विषय यही है कि 'कवि सर्प-कुन्तला देवियों को साक्षात अपनी आँखों के सामने देख रहा है और वह अपने प्रेक्षकों को अपने इस कल्पना-चित्र को देखने के लिए लगभग बाध्य कर रहा है।'[85] अतः स्पष्ट है कि सजीव वर्णन के द्वारा प्रत्यक्षीकरण यद्यपि वह मुख्यतः गद्य का उद्देश्य मानता था, परन्तु कविता में भी विषय का सचित्र वर्णन, भावोत्तेजन के लिए आवश्यक मानता था।

निष्कर्ष रूप में लोंगिनुस के अनुसार बिम्ब कवि या वक्ता की कल्पना शक्ति द्वारा प्रेरित वर्णन की वह युक्ति है जिसके माध्यम से वह अर्थ-ग्रहण न कराके बिम्ब-ग्रहण कराता है। इसका मुख्य उद्देश्य है भाव-व्यंजक प्रसंगों का सचित्र वर्णन। कविता में इनका प्रभाव भावोत्तेजन के द्वारा सम्मोहन के रूप में पड़ता है और भाषण में सजीव वर्णन के द्वारा दृश्य उपस्थित करने के रूप में। परन्तु भावोत्तेजन के लिए प्रत्यक्षीकरण और प्रत्यक्षीकरण के द्वारा भावोत्तेजन दोनों का ही लक्ष्य रहता

है। कहना न होगा कि बिम्बों की कल्पना पूर्णतः दृश्य-रूप में करके लोंगिनुस ने काव्य और वक्तृता में मूर्त विभावन-व्यापार के महत्त्व पर बल देते हुए वर्णन की वस्तुनिष्ठ पद्धति के प्रति अपना आग्रह व्यक्त किया है।

9

प्राचीन ग्रीक साहित्यशास्त्र में लोंगिनुस का स्थान जिन अनेक कारणों से विशिष्ट है, उनमें एक बहुत महत्त्वपूर्ण कारण यह भी है कि उसका ग्रन्थ 'पेरि इप्सुस' जहाँ एक ओर साहित्यशास्त्र का ग्रन्थ है, वहाँ दूसरी ओर व्यावहारिक आलोचना का भी। बल्कि यह कहना शायद ज्यादा सही होगा कि उसके अधिकांश मूल्यवान सिद्धान्त-सूत्र उसकी व्यावहारिक आलोचनाओं के बीच ही बिखरे हैं। आलोचना को व्यावहारिक, ऐतिहासिक, तुलनात्मक, निर्णयात्मक आदि पद्धतियों में बाँट कर देखना आधुनिक प्रवृत्ति है, इसलिए यह संयोग विलक्षण ही कहा जाएगा कि ईसा की पहली शताब्दी में होनेवाला लोंगिनुस जिसके आगे-पीछे काव्यशास्त्र, अलंकारशास्त्र और भाषणशास्त्र के ग्रन्थों की भरमार थी, अपनी व्यावहारिक आलोचना में इन सभी आधुनिक पद्धतियों को एक साथ समेटे हुए हैं।

इलिअद और ओदेसी की तुलना करते हुए, लोंगिनुस ने अनेक कारणों से इलिअद को ओदेसी की अपेक्षा बेहतर रचना बताया है। यह भी सही है कि उसने इलिअद के पक्ष में जो तर्क प्रस्तुत किए हैं वे प्रायः कलात्मक तर्क हैं। जैसे 'इलिअद की रचना करते हुए उसने उसे नाटकीय क्रिया-व्यापार से जीवन्त बनाया है। जबकि ओदेसी में समाख्यान की प्रधानता है।'[86] या फिर ओदेसी के विषय में यह कहना कि उसमें 'न वह समस्तरीय औदात्य ही मिलता है जो कभी सपाट नहीं होता, और न एक पर एक तेज़ी से घटित होनेवाली घटनाओं की बाढ़, बहुमुखी प्रवाह की तीव्रता और यथार्थता तथा वास्तविक जीवन से गृहीत छलकती हुई बिम्बमाला ही मिलती है। ऐसा प्रतीत होता है मानो कोई सागर अपने तल में सिमटकर अपनी परिसीमाओं में शान्त पड़ा हो।'[87] जाहिर है कि इस आलोचना के तर्क कलात्मक हैं और पद्धति तुलनात्मक, किन्तु इसके निष्कर्ष ऐतिहासिक हैं।

यह बात अलग है कि उसकी राय से परवर्ती विद्वानों में अधिकांश को इत्तफ़ाक नहीं है। परन्तु बात सिर्फ इतनी नहीं है। होमर की दो कृतियों की पारस्परिक तुलना करते हुए एक को श्रेष्ठ और दूसरी को हीन बताना एक बात है और अपने निष्कर्षों का सम्बन्ध कवि के वय-क्रम से बैठाना दूसरी बात है। ओदेसी के आधार पर आलोचना सम्बन्धी इस सामान्य सिद्धान्त का निरूपण कि 'जैसे-जैसे प्रतिभा का ह्रास होता जाता है वैसे-वैसे वृद्धावस्था में रोमांस के प्रति

अनुराग बढ़ता जाता है।' उसकी ऐतिहासिक दृष्टि का परिचायक है। इसके अतिरिक्त ओदेसी में होमर की तुलना 'डूबते सूर्य' से करना 'जिसमें भव्यता तो रह जाती है किन्तु तेज नहीं होता।' तथा यह कहना कि 'यहाँ से हम होमर की महानता के उतरते ज्वार का साक्षात्कार करते हैं...' ऐसे ही अन्य निष्कर्ष हैं जो उसकी ऐतिहासिक आलोचना-पद्धति का संकेत देते हैं। इसी प्रकार के अन्य संकेतों के प्रमाण पर लोंगिनुस का यह कथन कि होमर ने 'इसकी रचना इलिअद के बाद की'[88] उसके समय की आलोचना-पद्धति को दृष्टि में रखते हुए निश्चय ही विकास की सूचना देता है। यह बात दूसरी है कि उसमें ऐतिहासिक आलोचना का बहुत निखरा और निर्दोष रूप नहीं मिलता।

लोंगिनुस की व्यावहारिक आलोचना में गुण और परिमाण दोनों दृष्टियों से सबसे समर्थ अंश वे हैं जहाँ उसने तुलनात्मक पद्धति से गुण-दोषों के उदाहरण प्रस्तुत किए हैं। इस शैली का प्रयोग लोंगिनुस से पहले अन्य अलंकारशास्त्रियों ने भी किया था, परन्तु जिस ढंग से लोंगिनुस ने इसकी सम्पूर्ण सम्भावनाओं का विकास किया वह उससे पहले दुर्लभ ही था। लोंगिनुस इस शैली का प्रयोग वैषम्य-पद्धति से रचना विशेष के प्रमुख गुण-दोषों को उभार कर लाने के लिए करता है। बीच-बीच में वह अपने समय के प्रचलित मतभेदों को ध्यान में रखते हुए लेखकों के पारस्परिक महत्त्व का मूल्यांकन करता चलता है। लोंगिनुस के विवेचन का मुख्य आकर्षण इस बात में है कि वह समान अधिकार से इस पद्धति का सफल प्रयोग करता है—चाहे वह भिन्न देश-काल के वक्ताओं की तुलना कर रहा हो या एक काल के। हर स्थिति में वह रचना की विशेषताओं को पूरी सफाई और आग्रह से उभार लाता है। उदाहरण के लिए उसके द्वारा प्रस्तुत वक्ता दिमोस्थेनीस और सिसरो की तुलना। लोंगिनुस के समय तक दिमोस्थेनीस की वक्तृताओं की भव्यता आलोचना का अत्यन्त सामान्य विषय हो गई थी। लोंगिनुस ने सिसरो और दिमोस्थेनीस की वक्तृताओं से पड़नेवाले प्रभाव की भिन्नता को रेखांकित कर इस मत में संशोधन किया। दोनों की तुलना वह 'सर्वग्रासी ज्वाला' से करता है किन्तु 'दिमोस्थेनीस की शक्ति प्रायः परुष औदात्य में है और सिसरो की विस्तार में। हमारा यह देशवासी (दिमोस्थेनीस) उग्रता, गति, शक्ति, भाषण की आश्चर्यजनक क्षमता से मानो धधकता हुआ अपने सामने पड़नेवाली प्रत्येक वस्तु को छिन्न-भिन्न कर देता है। अतः उसकी तुलना बिजली की लपक या वज्रपात से की जा सकती है। सिसरो मुझे दूरप्रसारी ज्वालमाला के समान प्रतीत होता है जो सर्वग्राही और सर्वग्रासी रूप धारण कर लेता है, उसकी समर्थ और स्थिर ज्वालमालाएँ अपने चहुँमुखी विस्तार में कभी यहाँ और कभी वहाँ ईंधन से निरन्तर पुष्ट होती रहती हैं।'[89]

यही दिमोस्थेनीस है जिसकी शैली की अन्य विशेषताओं को, विशेषकर

परिसीमाओं को हीपेरिदिस से तुलना करते हुए 34वें अध्याय में लोंगिनुस उभारकर सामने ले आता है। विशेष ध्यान देने की बात है कि उक्त प्रसंग में उसने तुलना का आधार बदल दिया है : 'यदि रचना की उत्कृष्टता का निर्णय गुणों के आधार पर न होकर संख्या के आधार पर होने लगे तो हीपेरिदिस को दिमोस्थेनीस की अपेक्षा श्रेष्ठ मानना पड़ेगा। उसमें स्वरों का वैविध्य है और गुणों की संख्या कहीं अधिक है।...हीपेरिदिस ने रचना-विन्यास के कौशल को छोड़कर और सभी गुणों का अनुकरण करने के साथ-साथ लिसीअस के भी सभी गुणों और लालित्य को अंगीकार कर लिया है। जहाँ आवश्यकता होती है वहाँ वह सहज रूप में बात करता है, दिमोस्थेनीस की भाँति उसकी सभी बातों में एकरसता नहीं रहती, साथ ही उसे सादगी और मोहकतायुक्त सिद्धि के साथ चरित्र-चित्रण की शक्ति भी प्राप्त है। इसके अतिरिक्त उसके पास वैदग्ध्य, नागर व्यंग, शिष्ट लालित्य, सूक्ष्म वक्रोक्ति, परिहास, जो न कुरुचिपूर्ण है और न अशिष्ट, और जो अथेन्सवासियों के वाग्वैदग्ध्य के सर्वोच्च आदर्शों की परम्परा में है, कुशल व्यंग, पर्याप्त मात्रा में तीखा उपहास, चुटीला मजाक और इन सबके साथ अनुकरणीय सम्मोहन का अकथ भण्डार है। प्रकृति ने उसे पूरी तरह करुणा उत्पन्न करने और धारावाहिक रूप से कथा कहने की तथा बर्णन के बीच सहज प्रेरणा से अपना मार्ग बना लेने की शक्ति प्रदान की है। साथ ही उसकी प्रतिभा प्रशंसनीय रूप से बहुमुखी है।'[90] इसके विपरीत दिमोस्थेनीस की तुलनीय कमजोरियों को उजागर करते हुए लोंगिनुस ने कहा है कि उसमें 'न प्रवाह है, और न चरित्र-चित्रण की विशेषता। वह सहजता से बहुत दूर है और न ही कुशल वक्ता है। सामान्यतः कहा जा सकता है कि ऊपर जिन गुणों की चर्चा की गई है, उसमें उनमें से कोई भी नहीं है। जहाँ वह परिहासमय या वाग्वैदग्ध्यपूर्ण प्रसंगों को लिखने के लिए बाध्य होता है, वहाँ स्वयं हास्यास्पद हो जाता है, और जब सम्मोहन उत्पन्न करने का प्रयत्न करता है तो उससे और भी दूर हो जाता है।'[91] इस सम्बन्ध में ध्यान देने की सबसे महत्त्वपूर्ण बात यह है कि दिमोस्थेनीस और सिसरो की तुलना करते समय लोंगिनुस ने जिन कसौटियों का सहारा लिया था उन्हें यहाँ एकदम बर्खास्त कर दिया है। यानी वह किसी बने बनाए पूर्व-निर्धारित प्रतिमान को कृतियों पर आरोपित न करते हुए उन्हीं के बीच से तुलनीय तत्त्वों को खोज निकालता है। स्पष्ट ही उसकी यह आलोचना-पद्धति इस दृष्टि से अत्यधिक उदार, लचीली और प्राचीनों के बीच सबसे अधिक आधुनिक है।

लोंगिनुस की तुलनात्मक आलोचना में सबसे अधिक महत्त्वपूर्ण प्रसंग वह है जहाँ वह निर्दोष और उदात्त के बीच अन्तर करते हुए उन कवियों और रचनाओं के पक्ष में अपना मत देता है जो सदोष होने के बावजूद उदात्त हैं। इसीलिए वह प्राचीन ग्रीक कवि होमर और नाटककार सोफोक्लीस की किंचित् सदोष पर उदात्त

रचनाओं को अलेक्ज़ेंड्रिया के अपोलोनिउस और एरातोस्थेनीस जैसे कवियों की निर्दोष अलंकृत रचनाओं पर तरजीह देता दिखाई पड़ता है। अपनी स्थापना को प्रमाणित करने के लिए लोंगिनुस ने अन्यत्र होमर और अरातुस के काव्य से एक ही विषय पर लिखी दो कविताएँ चुनकर होमर की स्वाभाविकता को अरातुस की अस्वाभाविकता से अलगाया है और सिद्ध किया है कि अरातुस की रचना प्रभावशाली होने के बजाय सुथरी और साधारण है।[92] लोंगिनुस की इस मान्यता के सम्बन्ध में एक मौलिक प्रश्न विचारणीय है। उसने उदात्त-रचना में दोषों की जो स्थिति निश्चित की है, वह कहाँ तक ग्राह्य है? 33वें अध्याय में इस विषय पर विचार करते हुए उसने स्पष्ट कहा कि 'महान प्रतिभा निर्दोषता से बहुत दूर होती है। शीन-काफ़-दुरुस्त होने में ओछेपन का खतरा रहता है, जबकि बेशुमार दौलत की तरह बड़ी रचना में भी कुछ न कुछ कमी रह जाती है।' इसलिए उसने स्पष्ट कहा है कि 'त्रुटियों के बावजूद मैं सोचता हूँ कि उत्कृष्टतर गुणों को हमेशा पहला स्थान देना चाहिए, भले ही रचना में आद्यन्त उनका समस्तरीय निर्वाह न हुआ हो।' नव्य-आलोचक विमसाट[93] ने उसके इस दृष्टिकोण की आलोचना करते हुए कहा है कि आपात्तः लोंगिनुस की यह मान्यता ठीक ही लगती है। यदि एकाध सदोष पंक्तियों के रहते भी कोई 'ईदिपुस' या 'लिअर' जैसे नाटक की रचना करता है तो जाहिर है कि उसका महत्त्व एक 'सॉनेट' की अपेक्षा कहीं अधिक होगा, भले ही वह 'सॉनेट' सर्वथा निर्दोष हो। परन्तु इस बात को प्रतिपादित करने के उत्साह में लोंगिनुस ने सिद्धान्तों के सामान्यीकरण की जिस प्रवृत्ति का परिचय दिया है, उससे सहमत होना कठिन है। उदाहरण के लिए उसका यह कहना कि साधारण प्रतिभा सामान्यतः निर्दोष होती है और महान प्रतिभा की प्रवृत्ति दोषोन्मुख होती है, उचित नहीं है। उसने प्लेटो और होमर से उदाहरण देकर भले ही अपनी बात को सिद्ध करने का प्रयास किया हो किन्तु ये दोषपूर्ण अंश इन कवियों के सम्पूर्ण कृतित्व के सहस्रवें भाग से भी कम हैं। इसके अलावा उसने इस बात पर भी ध्यान नहीं दिया कि कुछ लेखकों की महानता का निर्धारण उनकी रचनाओं में प्राप्त होनेवाले दोषों की संख्या से भी हो सकता है। और फिर यह कैसे भुलाया जा सकता है कि रचना में किस दोष का क्या प्रभाव पड़ता है। इसका निर्णय बहुत दूर तक दोष की प्रकृति और उसके महत्त्व पर निर्भर है। लोंगिनुस ने शब्दाडम्बर, बालेयता एवं भावाडम्बर जैसे जिन दोषों के विरुद्ध बड़े आग्रहपूर्ण शब्दों में सावधान किया है उनके रहने पर भी कोई रचना महान हो सकती है या नहीं इसका कोई स्पष्ट संकेत नहीं दिया। जब वह कहता है कि 'महान प्रतिभा निर्दोषता से बहुत दूर होती है' तो उसका अभिप्राय किस प्रकार के दोषों से था, यह बिलकुल स्पष्ट नहीं होता। किसी महान कृति में यदि सही अर्थ में कोई दोष हो तो उसका परिणाम कभी-कभी बड़ा घातक हो सकता है। लोंगिनुस ने कविता में निर्दोषता और महानता

को लगभग विरोधी विशेषताओं के रूप में देखा है। विमसाट का कहना है कि महानता और निर्दोषता बहुत अंशों में परस्पर विरोधी न होकर पूरक ही होती हैं।

लोंगिनुस की व्यावहारिक आलोचना की एक बहुत बड़ी खूबी यह है कि वह एक ओर गुणों का उदारमना मुक्त प्रशंसक है और दूसरी ओर दोषों का उतना ही सतर्क आलोचक है। उसने जितने उत्साह से उन मार्गों का निर्देश किया है जिनके पालन से कोई रचना उदात्त हो सकती है, उतने ही आग्रह से उन दोषों के विरुद्ध सावधान भी किया है, जिनसे बचाव उदात्त सृष्टि के लिए अभीष्ट है।

लोंगिनुस के दोष-विवेचन की विशिष्टता इस बात में है कि उसने उन्हीं दोषों को चुना है जो वस्तुतः उदात्त रचना के लोभ से पैदा होते हैं। ऐसा करना शायद ज्यादा उपयोगी भी था क्योंकि जो प्रकटतः दोषपूर्ण है, या अनुदात्त है उसकी पहचान आसान है बनिस्बत उसके जो उदात्त के मुखौटे के भीतर अनुदात्त है या छद्म उदात्त है। असली और नकली के बीच सही अन्तर कर पाने के लिए उन दोषों का ज्ञान बहुत जरूरी है जो असली का भ्रम पैदा करते हैं क्योंकि विडम्बनापूर्ण स्थिति तो यह है कि 'हमारे गुण और दोष दोनों का उद्‌गम एक ही प्रकार के स्रोतों से होता है।'[94]

लिहाजा लोंगिनुस ने मुख्य रूप से तीन दोषों की ओर ध्यान दिलाया। वागाडम्बर, बालेयता और भावाडम्बर। वागाडम्बर के बारे में उसने कहा कि उससे इसलिए बचना कठिन है 'कि ऐसे लेखक जिनका लक्ष्य भव्यता है, शुष्कता और क्षीणता से बचने के प्रयास में किसी न किसी तरह इस दोष के शिकार हो जाते हैं।'[95] यह बात शायद इन सभी दोषों के बारे में सही है क्योंकि इनके मूल में एक ही प्रवृत्ति सक्रिय रहती है—उदात्त के लोभ से उदात्त का अतिक्रमण। उदाहरण के लिए वह एस्खिलुस की आलोचना करते हुए कहता है कि वह त्रासदी के लहजे के बजाय छद्‌म त्रासद की सृष्टि करता है। यद्यपि 'त्रासदी में राजकीय तड़क-भड़क और शब्दाडम्बर के लिए स्वभावतः गुंजाइश होती है, फिर भी उसमें प्रसंगच्युत वागाडम्बर अक्षम्य होता है।'[96] ऐसी स्थिति में ये वागाडम्बरपूर्ण प्रयोग प्रायः हास्यास्पद हो जाते हैं। भाषा के ऐसे प्रयोगों को सोफोक्लीस से शब्द उधार लेकर लोंगिनुस ने 'ढोंगी व्यक्ति के प्रयास'[97] कहा है। इस प्रकार की 'वाक्-स्फीति' सच्चाई से शून्य और खोखली होती है अतः 'अभीष्ट के विपरीत ही प्रभाव उत्पन्न करती है।'[98] ऐसी भाषा की प्रेरक भावस्थिति वास्तविक न होकर कल्पित होती है। शब्दाडम्बर के विरुद्ध लोंगिनुस इतना सतर्क था कि एक बार तीसरे अध्याय में इस दोष की ओर संकेत करके उसने पुनः चौथे अध्याय में इसका विस्तार से सोदाहरण विवेचन किया है। इस विवेचन की विशेषता यह है कि उसने प्लेटो और क्सेनोफोन जैसे महारथियों की रचनाओं से उदाहरण देकर यह सिद्ध किया है कि ऐसे लेखक भी इस दोष के प्रलोभनकारी प्रभाव से नहीं बच सके।

शब्दाडम्बर का सजातीय दोष है 'भावाडम्बर'। जिस प्रकार शब्दाडम्बर में शब्दों का प्रसंगच्युत, निरर्थक और आडम्बरपूर्ण प्रयोग एक कृत्रिम स्थिति पैदा करता है, उसी प्रकार 'जहाँ आवेग की अपेक्षा न हो, वहाँ असंगत और निरर्थक आवेग की अभिव्यक्ति अथवा जहाँ नियन्त्रण की आवश्यकता हो वहाँ भाव का अनियन्त्रित प्रयोग।'[99] अनौचित्य का बोध जगाता है। दूसरे शब्दों में यह अति भावुकता अथवा सस्ती भावुकता है।

एक अन्य दोष जिसकी चर्चा लोंगिनुस ने की है, 'बालेयता' है। इस दोष को वह 'सर्वथा अधम, क्षुद्र और सच पूछा जाए तो शैली का सबसे जघन्य दोष'[100] मानता है। बालेयता लोंगिनुस के अनुसार 'पंडिताऊ दृष्टि' है, जिसके कारण 'अतिशय विस्तार की परिणति निष्प्राण असफलता में होती है।'[101] इस दोष का कारण भी यही है कि 'लेखक जब असाधारण, अतिरमणीय और इससे भी अधिक मनोरंजक होने की कोशिश करते हैं, तो इस दोष के शिकार हो जाते हैं।'[102] गरज यह कि प्रदर्शन और कृत्रिमता का मोह इसके लिए भी उत्तरदायी होता है। उसने इन सभी दोषों को समवेत रूप से एक प्रकार का 'अनौचित्य' कहा है जिसके बीज 'एक ही प्रवृत्ति में निहित रहते हैं और यह प्रवृत्ति मौलिक विचारों की धुन है जिसकी झक आजकल लोगों पर सवार है।'[103] इस प्रकार के दोषों का मूल लोंगिनुस अतिशयता की उस प्रवृत्ति में देखता है जिसके कारण व्यर्थ की कृत्रिमता और आडम्बर की सृष्टि होती है। इस आडम्बरप्रियता का विरोध उसने शैली के तत्त्वों का विवेचन करते हुए अन्य सन्दर्भों में भी किया है। 23वें अध्याय में 'प्रत्येक वाक्य में अलंकार की झंकार' को वह 'व्यर्थ का आडम्बर' कहता है। 'अतिलयात्मक अनुच्छेद' उसे 'सज्जित मात्र और रास्ते लगने' लगते हैं।[104]

दूसरी ओर लोंगिनुस अत्यधिक संक्षेप में भी औदात्य का ह्रास देखता है और यह स्पष्ट करता है कि संक्षेपण की यह प्रवृत्ति 'समुचित सामासिकता' से भिन्न 'खंडित और विशृंखल' रचना की प्रवृत्ति होती है।[105] इसी प्रकार वह क्षुद्र शब्दों के प्रयोग का इसलिए विरोध करता दिखाई पड़ता है कि उनसे 'भव्य अनुच्छेद की भयंकर क्षति होती है।'[106] हिरोदोतुस से उदाहरण चुनकर उसने ऐसे शब्दों पर एतराज किया है 'जो विषय के गौरव के अनुकूल नहीं हैं'। उसने एक ब्यौरेवार वर्णन की कमजोरी पर इसलिए बल दिया है क्योंकि उसमें 'लेखक उदात्त से क्षुद्र की ओर बढ़ता है जबकि वास्तव में उसे उत्तरोत्तर आरोह अपेक्षित था।'[107] यानी भारतीय काव्यशास्त्र की शब्दावली में यह पतत्प्रकर्ष दोष का उदाहरण है। दिलचस्प बात तो यह है कि लोंगिनुस ने यथार्थ के अधिक निकट होने के कारण जिस ग्राम्य शब्दावली के प्रयोग का उचित प्रसंग में समर्थन किया था, उसी के 'बेमौके प्रयोग' से उत्पन्न कुरूपता का निषेध किया है।

व्यावहारिक आलोचक के रूप में लोंगिनुस की एक अपनी मौलिक दृष्टि

थी। इस बात का प्रमाण यह है कि उसने कहीं-कहीं अपने पूर्ववर्तियों के तुलनात्मक निष्कर्षों का सामना करते हुए उन्हें गलत सिद्ध किया है। उदाहरण के लिए कैकिलिउस से उसका मतभेद प्लेटो और लिसीअस की तुलना को लेकर है।[108] क्योंकि समस्त दोषों के बावजूद वह प्लेटो की उस शैली का कायल है जो अत्यन्त 'समृद्ध, समुद्र के सदृश, भव्यता का फैला हुआ सैलाब'[109] है। भले ही उसमें दिमोस्थेनीस के समान आग न कौंधती हो पर वह 'अपने ऐश्वर्य और राजसी गरिमा में स्थिर और भावशून्यता से बहुत दूर है।'[110] जिस प्लेटो ने 'होमर के महान स्रोत से सहस्रों धाराएँ लेकर अपनी शैली को अभिसिंचित किया है।'[111] जो अभिधात्मक उक्तियों को 'पर्यायोक्ति की रागपूर्ण संगतियों की आवृत्ति से संगीतमय'[112] बना देता है। और इसलिए लोंगिनुस प्लेटो जैसे सिद्ध लेखक की वकालत उस कसौटी के रूप में करता है जिसके आधार पर साहित्यिक मूल्यों का निर्णय किया जा सकता है।

ग्रीक नाटककारों के सम्बन्ध में लोंगिनुस का अभिमत इसलिए ध्यान देने योग्य है कि उसने तत्सम्बन्धी प्रचलित और मान्य मत को स्वीकार करते हुए भी अपनी रुचि और झुकाव का स्पष्ट निर्देश किया है। उदाहरण के लिए एस्खिलुस जो अपनी शैली की भव्यता के कारण प्रशंसा का पात्र है, वही क्लिष्टता, अस्पष्ट बिम्ब-योजना और वागाडम्बर के लिए आलोचना का विषय है।

कुल मिलाकर कहा जा सकता है कि लोंगिनुस ने जिस रूप में व्यावहारिक आलोचक की भूमिका का निर्वाह किया उससे यह बात तो सर्वथा स्पष्ट है कि उसने शास्त्रीय नियमों के आतंक से अप्रभावित रहकर, तटस्थ और पूर्वाग्रह-मुक्त मन से अपने दायित्व का वहन किया। इस बात से भी इंकार नहीं किया जा सकता कि उसके निर्णय सर्वथा न्यायपूर्ण हैं। परम्परा प्राप्त सम्मतियों से प्रायः उनकी संगति बैठ जाती है, पर वह यथास्थान मतभेद प्रकट करने से भी नहीं चूकता। वह महान रचनाओं के गुण-दोषों को समान रूप से उभारकर लाने का अभ्यासी है। मूल तत्त्वों की पकड़ में उसकी दृष्टि अचूक है। एक रचना से दूसरी के प्रभाव की बारीकियों को वह बड़ी सफ़ाई से अलगाता है और सबसे बड़ी बात तो यह है कि उसके निर्णय सदा रूढ़िवादिता और पांडित्य के भार से मुक्त होते हैं। लोंगिनुस की व्यावहारिक आलोचना की एक बहुत बड़ी विशेषता यह है कि उसका लक्ष्य केवल मूल्यांकन करना नहीं होता बल्कि वह साहित्यिक मूल्यों को व्यवहार में लागू करके दिखाता है। परिणामतः उसके पाठक को साहित्य पढ़ने की एक अन्तर्दृष्टि और प्रेरणा मिलती है। लोंगिनुस द्वारा होमर की आलोचना इसका सर्वोत्कृष्ट प्रमाण है। प्रसिद्ध इतिहासकार गिबन ने 'पेरिइप्सुस' के नवें अध्याय को 'प्राचीन साहित्य का सर्वोत्तम कीर्तिस्तम्भ' कहा है। अपनी आलोचना में लोंगिनुस केवल अपने अनुभवों का अनावरण नहीं करता बल्कि वह अपने पाठकों

को अपना सहभागी बनाने में सफल हो जाता है। यह विश्लेषण कोरे प्रभाववाद से इस अर्थ में भिन्न है कि यह ठोस मनोवैज्ञानिक आधार पर टिका है। इसमें आलोचक कलाकृतियों के प्रति अपनी सूक्ष्म संवेदनाओं का तार-तार विश्लेषण करता है। आलोचना की इस पद्धति में लोंगिनुस लाजवाब था।

10

लोंगिनुस ने परवर्ती रोमांटिक कवियों, लेखकों और आलोचकों को इस हद तक प्रेरित और प्रभावित किया है कि स्कॉट-जेम्स जैसे कुछ विद्वान उसे 'प्रथम रोमांटिक आलोचक' मानते हैं। लोंगिनुस को 'रोमन क्लासिसिज़्म' का अंग माननेवाले विमसाट जैसे आलोचक भी लोंगिनुस के रोमांटिक प्रभाव के इतिहास को स्वीकार करने के लिए विवश हैं। वस्तुतः पाश्चात्य साहित्य में लोंगिनुस के रोमांटिक प्रभाव की परंपरा इतनी अटूट और प्रबल है कि उसकी उपेक्षा नहीं की जा सकती। यदि यूरोप की अन्य भाषाओं को छोड़कर अपने आपको केवल अंग्रेजी साहित्य तक ही सीमित रखें तो इस प्रभाव का एहसास हो सकता है।

अंग्रेज़ी के प्रसिद्ध रोमांटिक कवि लोंगिनुस से सहसा प्रभावित नहीं हुए और न उन्होंने इस आलोचक की खोज ही अकस्मात की। इन कवियों से पूर्व अंग्रेज़ी में लोंगिनुस के अनुयायियों और लोंगिनुसवादियों की एक लम्बी परम्परा मौजूद थी। प्रोफेसर एम.एच. अब्राम्स ने अपने प्रसिद्ध ग्रन्थ 'द मिरर एण्ड द लैम्प' में इस परम्परा का विस्तृत विवरण दिया है।[113]

जॉन डेनिस पहला अंग्रेज़ आलोचक है जिसके आलोचना-सिद्धान्त पर 'पेरि इप्सुस' का गहरा प्रभाव दिखाई पड़ता है। यह प्रभाव इतना स्पष्ट था कि उसे मज़ाक में 'सर ट्रेमेंडस लोंगिनुस' कहा जाता था। उसने अपनी पुस्तक 'द एडवांसमेंट एण्ड रिफ़ार्मेशन ऑफ़ पोएट्री' (1701 ई.) में ज़ोर देकर यह बात कही कि कविता में भावावेश (पैशन) प्रधान है। भावावेग के प्रति डेनिस का आग्रह इतना प्रबल था कि उसने इसके लिए अपने प्रेरक लोंगिनुस की भी आलोचना कर डाली। लोंगिनुस ने एक स्थल पर कहा है कि अनेक उदात्त अंश किसी संवेग से रहित होते हैं।[114] इसका प्रतिवाद करते हुए डेनिस ने कहा कि यह लोंगिनुस की भूल है। डेनिस के अनुसार उद्दाम आवेग के बिना उदात्त सम्भव ही नहीं और यही वह एक स्रोत है जो लोंगिनुस द्वारा स्थापित सभी स्रोतों का मूल है। डेनिस ने भावावेग के साथ ही लोंगिनुस द्वारा प्रतिपादित कवि-प्रतिभा की नैसर्गिकता पर भी बल दिया।

अंग्रेज़ी रोमांटिक काव्य-सिद्धान्त के इतिहास में डेनिस की इन लोंगिनुसवादी मान्यताओं का विशेष महत्त्व इसलिए है कि आगे चलकर वर्ड्सवर्थ ने डेनिस के

माध्यम से लोंगिनुस से प्रेरणा ग्रहण की। 1814 ई. के एक पत्र में वर्ड्सवर्थ ने डेनिस के भावावेग सिद्धान्त का हवाला दिया है और कुछ विद्वानों का ख्याल है कि तब तक वर्ड्सवर्थ ने लोंगिनुस का केवल नाम ही सुना होगा। किन्तु इस बात के ठोस प्रमाण हैं कि 1825 ई. तक आते-आते वर्ड्सवर्थ ने लोंगिनुस को पढ़ लिया था।

डेनिस के बाद अठारहवीं सदी के मध्य में एक अन्य लोंगिनुसवादी विचारक विशप लोथ हुए जिन्होंने ऑक्सफ़र्ड के कविता-पीठ के प्रोफेसर की हैसियत से 1753 ई. में 'लेक्चर्स ऑन दि सेक्रेड पोएट्री ऑफ़ दि हिब्रूज़' शीर्षक व्याख्यान में लोंगिनुस के भावावेश-सिद्धान्त के आधार पर कविता की व्याख्या की। लगभग एक शताब्दी बाद (1832-41 ई.) उसी पद से प्रसिद्ध रोमांटिक आलोचक जोसेफ़ केबल ने जो व्याख्यान दिया उसमें लोथ के उस व्याख्यान का प्रशंसात्मक अनुस्मरण करने के साथ ही लोंगिनुस का पदे-पदे उल्लेख किया गया। ऑक्सफ़र्ड के कविता-पीठ के इन व्याख्यानों से अंग्रेज़ी साहित्य के उच्चतर क्षेत्रों में लोंगिनुस के प्रभाव का प्रमाण मिलता है। उल्लेखनीय है कि डेनिस, लोथ और केबल सभी आलोचक प्रथमतः धार्मिक विचारक थे और उनकी प्रमुख रुचि विशेष प्रकार के धार्मिक काव्य में थी। इसलिए इन विचारकों का लोंगिनुस के उदात्त के प्रति इतना अनुराग लोंगिनुस के काव्य-सिद्धान्त में निहित गहन संकेतों की ओर ध्यान दिलाता है।

केबल वस्तुतः लोंगिनुस के उस व्यापक प्रभाव की एक कड़ी है जो 19वीं सदी के आरम्भ में अंग्रेज़ी के अधिकांश रोमांटिक कवियों और लेखकों को आन्दोलित कर रहा था। 1806 ई. में जोसेफ़ वार्टन ने शास्त्रवादी कवि पोप की आलोचना करते हुए लिखा कि पोप में उस सृजनशील और आलोकपूर्ण कल्पना का अभाव है जिससे 'शुद्ध कविता' उत्पन्न होती है। वार्टन ने पोप को होमर और मिल्टन से नीचे का दर्जा दिया क्योंकि वह इन महाकवियों के समान अपने पाठक को अपने आप से ऊपर उठाने का काम नहीं करता। यहाँ वार्टन ने उसी 'ट्रांसपोर्ट' शब्द का प्रयोग किया है जो लोंगिनुस के 'एक्सतासिस' का अंग्रेज़ी पर्याय है। कहने की आवश्यकता नहीं कि वार्टन की 'सृजनशील और आलोकपूर्ण कल्पना' वस्तुतः लोंगिनुस की 'नैसर्गिक प्रतिभा' ही है जिसे वह 'महान और पुष्ट विचारों के धारण की क्षमता' का आधार मानता था।

एडिसन ने 'पेरि इप्सुस' के 35वें अध्याय से नाइल, डेन्यूब, राइन, महासागर, एतना ज्वालामुखी वाले अंश को उद्धृत करके विराट प्रकृति की उदात्तता के प्रति अपनी विशेष रुचि व्यक्त की थी। इसके अतिरिक्त उसने एक स्थल पर यह भी लिखा था कि अब लोंगिनुस के समान अपनी रचना की आत्मा एवं चेतना में प्रवेश करनेवाले लेखक नहीं मिलते। एडिसन के इस कथन में साहित्य के रोमांटिक सिद्धान्त का वह सूत्र निहित है जिसके अनुसार सच्ची रचना रचनाकार के व्यक्तित्व

की अभिव्यक्ति है।

एडिसन यदि लोंगिनुस के विराट-प्रेम से प्रभावित था तो हैज़लिट की प्रिय कसौटियाँ 'उद्दाम वेग' (गस्टो) और 'आनन्दातिरेक' (एन्थ्रालमेंट) सीधे लोंगिनुस के प्रबल भावावेग एवं 'एक्सतासिस' से गृहीत थीं। हैज़लिट के प्रिय कवि की विशेषता थी 'उद्दाम वेग'। शक्ति को वह कविता की श्रेष्ठता का आधार मानता था। आनन्दातिरेक या आह्लाद उसकी दृष्टि में कविता का चरम लक्ष्य था।

कोलरिज के बारे में यह कहा जाता है कि वह लोंगिनुस को आलोचक के रूप में कोई महत्त्व नहीं देता था; फिर भी जब वह 'भावावेग को कविता की आत्मा' घोषित करता है या फिर यह कहता है कि प्रतिभाशाली कवि की रचना की आत्मा कल्पना है तो एक तरह से उसकी 'आत्मा' में लोंगिनुस की ही 'आत्मा' प्रतिध्वनित होती है। वस्तुतः कोलरिज के समान अन्य रोमांटिक कवि कविता के सन्दर्भ में बार-बार 'आत्मा' की जो इतनी दुहाई देते नज़र आते हैं, वह लोंगिनुस की ही देन है।

शेली के साथ रोमांटिक काव्य-चिन्तन में लोंगिनुस का एक और तत्त्व प्रचलन में आया जिसे 'इंटेंसिटी' अथवा 'तीव्रता' कह सकते हैं। लोंगिनुस जब कहता है कि उदात्त काव्य सामने की प्रत्येक वस्तु को 'वज्रपात के समान छिन्न-भिन्न कर देता है' तो वह कविता में 'तीव्रता' पर बल देता है। लोंगिनुस अपने प्रिय वक्ता दिमोस्थेनीस की वाणी की भी तुलना 'वज्रपात' से करता है। इस प्रकार लोंगिनुस के द्वारा 'वज्रपात' का बिम्ब कविता के साथ अनायास जुड़ गया। इससे कविता में विद्युत के वेग, आघात, आलोक और तीव्रता आदि गुणों को बल मिला। उदात्त वाणी के उदाहरण-स्वरूप लोंगिनुस ने जिस प्रकार 'आलोक प्रकट हो जाए और आलोक प्रकट हो गया' जैसी संक्षिप्त और चुभती हुई पंक्तियाँ प्रस्तुत कीं वे इस 'तीव्रता' वाले गुण के साथ जुड़ गई और इस प्रकार इस धारणा को प्रोत्साहन मिला कि तीव्र अनुभूति की कविता छोटी ही हो सकती है। क्योंकि तीव्र अनुभूति ज़्यादा देर टिक नहीं सकती। इस दृष्टि से शेली का यह कथन अर्थपूर्ण है कि रचना-कर्म शुरू होने से पहले ही प्रेरणा उतार पर होती है।

कीट्स रोमांटिक कवियों में सम्भवतः सबसे प्रमुख है जिसने लोंगिनुस के प्रायः सभी काव्य-सिद्धान्तों को थोड़े से शाब्दिक परिवर्तन के साथ एकत्र ही सूत्रबद्ध कर दिया। कीट्स लोंगिनुस को सम्भवतः सीधे नहीं जानता था, किन्तु हैज़लिट को वह अपना पथ प्रदर्शक अवश्य मानता था। फिर भी 'एंडिमियन' के प्रकाशक से उसने अपने काव्य सम्बन्धी जिन तीन सिद्धान्त-सूत्रों की घोषणा की वे अनजाने ही लोंगिनुस को प्रतिध्वनित करते हैं।

1. मेरी समझ में कविता को चाहिए कि वह ललित अतिशयता से चमत्कृत कर दे। उसे पढ़कर पाठक को ऐसा लगे जैसे उसके अपने ही सर्वोच्च विचारों को वाणी मिली हो।

2. उसके सौन्दर्य का संस्पर्श पाठक को सन्तुष्ट करने की अपेक्षा श्वास-शून्य (ब्रेथलेस) कर दे।
3. यदि कविता उसी स्वाभाविकता से न आए जैसे पेड़ पर पत्तियाँ आती हैं तो उसका न आना ही बेहतर है।

कीट्स के इन विचारों के समानान्तर लोंगिनुस को उद्धृत करना आवश्यक नहीं है। उदात्त काव्य के प्रभाव का वर्णन लोंगिनुस ने प्रायः इन्हीं शब्दों में किया है जो कीट्स के इन सूत्रों में है। फिर भी लोंगिनुस का यह वाक्य कीट्स से तुलनीय है : 'सच्चा औदात्य स्वभावतः हमें ऊपर उठाता है : इस गर्वोन्नत मनःस्थिति में हम आनन्दपूर्ण अहंकार का अनुभव करते हैं गोया उस सुनी हुई कृति के स्रष्टा हम स्वयं ही हों।'[115] प्रभाव के अतिरिक्त कीट्स ने काव्य-सृजन में जिस नैसर्गिकता पर बल दिया है वह भी लोंगिनुस की स्थापनाओं के अनुरूप है। यद्यपि कीट्स प्रगीतों के अतिरिक्त लम्बी कविता लिखने का भी शौकीन था, फिर भी एक स्थल पर उसने लिखा है कि 'प्रत्येक कला का चरमोत्कर्ष उसकी तीव्रता में है।' इस प्रकार शेली की तरह कीट्स भी कविता में तीव्रता का पक्षपाती था। तीव्रता के सिद्धान्त को आगे चलकर एडगर एलेन पो ने चरम सीमा तक पहुँचाते हुए यह स्थापित किया कि सच्ची और श्रेष्ठ कविता छोटी ही होती है, लम्बी कविता स्वतोव्याघात है। इसके अतिरिक्त पो ने जिस अर्थ में 'सौन्दर्य' शब्द का प्रयोग किया है। वह वस्तुतः लोंगिनुस का 'उदात्त' ही है। पो के अनुसार 'सौन्दर्य' कोई एक सुनिश्चित गुण नहीं बल्कि एक प्रभाव है जो संक्षेप में आत्मा का तीव्र और शुद्ध उत्कर्ष है।[116]

इसके अतिरिक्त लोंगिनुस के प्रभाव से आलोचना-शैली के क्षेत्र में एक प्रकार के 'आलोचनात्मक प्रभावाभिव्यंजनावाद' (क्रिटिकल इम्प्रेशनिज़्म) की धारा चल पड़ी जो रोमांटिक प्रवृत्ति की अपनी विशेषता मानी जाती है। लोंगिनुस ने उदात्त का वस्तुगत वर्णन न करके प्रायः उसके प्रभाव का वर्णन किया है। यह प्रवृत्ति रोमांटिक कवियों और आलोचकों को काफ़ी अनुकूल प्रतीत हुई। उन्होंने किसी काव्यकृति का विश्लेषण करके उसके गुणों को प्रदर्शित करने के स्थान पर अपनी मानसिक प्रतिक्रियाओं के द्वारा कृति का सौन्दर्य निरूपित किया। वाल्टर पेटर ने इस प्रवृत्ति को सूत्रबद्ध करते हुए कहा कि 'अपने मानसिक प्रभाव को हूबहू जानना ही आलोचना की दिशा में पहला कदम है।' स्पष्टतः इस प्रकार की आलोचना में आत्मनिष्ठता का ख़तरा है किन्तु उससे भी अधिक आपत्तिजनक बात है आलोचना के नाम पर गद्य-काव्य का प्रचलन। इसमें कोई सन्देह नहीं कि किसी कविता अथवा वक्तृता के प्रभाव का वर्णन करते हुए लोंगिनुस भी कभी-कभी गद्य-काव्य लिखता दिखाई पड़ता है, किन्तु कभी ही कभी। लोंगिनुस ने भावोच्छ्वसित प्रभाव-वर्णन के आत्मनिष्ठ दायरे से बाहर निकलकर एक कुशल समीक्षक के समान

प्रायः उद्धृत कविताओं का वस्तुगत विश्लेषण भी किया है। इस प्रक्रिया में वह प्रायः कविता के कलागत गुण-दोषों का निर्देश करता है। यदि परवर्ती रोमांटिक कवियों और लेखकों से लोंगिनुस का यह पक्ष ओझल हो गया और उसका केवल प्रभावाभिव्यंजक रूप ही दृष्टिगोचर हुआ तो इसके लिए लोंगिनुस उत्तरदायी नहीं है।

इससे स्पष्ट है कि लोंगिनुस पूरी तरह रोमांटिक आलोचक न था अथवा कम-से-कम उस अर्थ में रोमांटिक न था जिस अर्थ में इस शब्द का प्रयोग वर्ड्सवर्थ, कोलरिज, शेली, कीट्स आदि के लिए किया जाता है। जहाँ वह काव्य-सृजन के लिए कवि के व्यक्तित्व पर बल देता है, प्रतिभा को कविता का मूल उत्स मानता है, कविता में भावावेग को महत्त्व देता है, तीव्रता को सबसे बड़ा काव्य-मूल्य समझता है, आत्मातिक्रमण अथवा आनन्द को कविता का चरम लक्ष्य कहता है और कविता में प्राकृतिक एवं मानवीय गुणों की विराटता की घोषणा करता है, वहाँ वह रोमांटिक प्रवृत्ति का पोषक है किन्तु उसके विपरीत जब वह उदात्त की 'कला' पर बल देता है वक्तृता और काव्य दोनों में यथार्थ का आग्रह करता है तथा प्रतिभा और अभ्यास के समुचित सन्तुलन में ही काव्य का चरमोत्कर्ष मानता है तो उसमें एक क्लासिकी अथवा शास्त्रवादी आलोचक की मर्यादा दिखाई पड़ती है। एटकिन्स ने तो लोंगिनुस के अतिशय परम्परा-प्रेम को उसके शास्त्रवादी होने का लक्षण माना है।

इस प्रकार लोंगिनुस में रोमांटिक और क्लासिकी दोनों प्रवृत्तियों के तत्त्व पाए जाते हैं। इसलिए एक ओर शास्त्रवादी परम्परा के बीच वह रोमांटिक माना जाता है तो रोमांटिक परम्परा के बीच शास्त्रवादी। दोनों ही प्रवृत्तियों ने समय-समय पर लोंगिनुस से प्रेरणा ग्रहण करने की कोशिश की किन्तु यह निर्विवाद है कि लोंगिनुस रोमांटिक कवियों और लेखकों के अधिक निकट रहा। सम्भवतः लोंगिनुस की लोकप्रियता और आधुनिकता का रहस्य भी यही है। किन्तु उसकी विशिष्टता इस बात में है कि उसे रोमांटिक या क्लासिकी किसी भी प्रवृत्ति के दायरे में बाँधना मुश्किल है।

11

एलेन टेट ने 'लोंगिनुस एण्ड दि न्यू क्रिटिसिज़्म' (1948 ई.) शीर्षक निबन्ध लिखकर यह प्रमाणित करने का प्रयास किया है कि नई आलोचना के लिए भी लोंगिनुस कम प्रासंगिक नहीं है। यह सही है कि नए आलोचकों की रुचि आरम्भ में लोंगिनुस में विशेष न थी क्योंकि लोंगिनुस मुख्यतः रोमांटिक कवियों और आलोचकों का प्रिय था और नए आलोचक रोमांटिक प्रवृत्ति के विरोधी थे। साहित्य में अपने आपको 'शास्त्रवादी' घोषित करने वाले टी.एस. इलियट ने अपनी प्रथम

आलोचना-पुस्तक 'दि सेक्रेड वुड' (1920 ई.) में अरस्तू को ही अपना आदर्श माना था।[117] इस प्रकार इलियट द्वारा प्रवर्तित 'नई आलोचना' में बहुत दिनों तक लोंगिनुस के प्रति उदासीनता बरती गई। किन्तु जैसा कि एलेन टेट का कहना है, आगे चलकर रैन्सम, क्लीन्थ ब्रुक्स, रीड, लीविस, रिचर्ड्स, ब्लैकमर और विंटर्स जैसे नए आलोचकों के साहित्यिक वाद-विवाद में लोंगिनुस द्वारा निरूपित 'भाषा का औदात्य' और 'आत्मातिक्रमण' नामक दो प्रमुख अवधारणाएँ अपने अन्तस्सम्बन्धों के साथ किसी-न-किसी रूप में मँडराती रही हैं।[118] एक तरह से देखा जाए तो इसमें आश्चर्य की कोई बात नहीं। नए आलोचक अपने आपको लाख शास्त्रवादी समझते और कहते रहे हों किन्तु कालक्रम में यह तथ्य प्रकट हुए बिना न रहा कि वे वस्तुतः रोमांटिक ही हैं, और अब तो क्लीन्थ ब्रुक्स ने स्वयं भी स्वीकार कर लिया है कि नई आलोचना आधुनिक कविता के जिन काव्य-सिद्धान्तों पर आधारित है वे वर्ड्सवर्थ और कोलरिज के ही विकास हैं।[119] इसलिए यदि तथाकथित 'प्रथम रोमांटिक आलोचक' लोंगिनुस नए आलोचकों द्वारा भी ग्राह्य हो तो इसमें कोई असंगति नहीं है।

यह अवश्य है कि 'पेरि इप्सुस' के जिस पक्ष पर नए आलोचकों का ध्यान गया वह रोमांटिक कवि-आलोचकों द्वारा प्रशंसित पक्ष से भिन्न है। रोमांटिकों को यदि लोंगिनुस की कवि-व्यक्तित्व में दिलचस्पी विशेष प्रिय थी तो नए आलोचकों को काव्य के वस्तुगत गुणों में उसकी निष्ठा अधिक महत्त्वपूर्ण लगती है। नव अरस्तूवादी आलोचक एल्डर ओल्सन ने एक निबन्ध में परम्परागत मान्यता को प्रतिध्वनित करते हुए लिखा है कि लोंगिनुस एडमंड बर्क से इस बात में एकदम भिन्न था कि 'जहाँ बर्क को विषय-वस्तु के गुणों में उदात्त के स्रोत दिखाई पड़ते थे, लोंगिनुस की दृष्टि में उदात्त के वे स्रोत रचनाकार की क्षमताओं में थे।'[120] एलेन टेट ने एलडर ओल्सन के इस कथन को 'अंशतः सत्य' मानते हुए भी वस्तुतः 'भ्रामक' बतलाया है। टेट की दृष्टि में लोंगिनुस की मौलिकता इस बात में है कि उन्होंने आलोचनात्मक दिलचस्पी के केन्द्र को 'दिलचस्पी' के रूप में तिरस्कृत न करते हुए भी, उत्पत्तिपरक और नैतिकतापरक मूल्यांकन से हटाकर कलात्मक मूल्यांकन की दिशा में उन्मुख किया और इस प्रकार मूल्यांकन का आधार कृतिकार का मनोविज्ञान न होकर कृति की भाषा हो गई।

इस दृष्टि से टेट को लोंगिनुस का यह प्रश्न अत्यन्त अर्थगर्भी प्रतीत होता है कि क्या उदात्त की **कला** जैसी कोई चीज़ है?[121] टेट के अनुसार यहाँ 'कला' शब्द का प्रयोग विशेष अर्थपूर्ण है। 'पेरि इप्सुस' का आरम्भ जिस बुनियादी जिज्ञासा से होता है उसका सम्बन्ध उस 'कला' की खोज से है जिसके द्वारा उदात्त की उपलब्धि होती है। टेट को इसमें उदात्त काव्य के उन कलात्मक गुणों की खोज का प्रयास दिखाई पड़ता है जो विवेच्य कृति में वस्तुनिष्ठ रूप में विद्यमान रहते

हैं। इस प्रकार उदात्त की 'कला' (मूल ग्रीक शब्द 'तेख़्ने') वस्तुतः 'टेकनीक' है जिसके 'मूल्यांकन की समझ' लोंगिनुस के अनुसार 'परिपक्व अनुभव के फलस्वरूप आती है।' इसीलिए 'पेरि इप्सुस' में अच्छे और बुरे कवियों के काव्यांशों की भाषा और कला के सूक्ष्म विश्लेषण की बहुलता है जिससे स्पष्टतः 'परिपक्व अनुभव के फलस्वरूप उत्पन्न समझ' का पूरा एहसास होता है। इस दृष्टि से टेट का यह कहना सही है कि लोंगिनुस ने कैकिलिउस का विरोध करते हुए प्लेटो और अरस्तू दोनों के काव्य-सिद्धान्तों का एक साथ विरोध किया। उसने 'इओन' के प्लेटो के 'दैवी उन्माद' से विदा लेकर विचार और शब्द-रचना के लिए बिना कुछ कहे उस वस्तुनिष्ठता का दावा किया जिसके लिए अरस्तू की काव्य-भाषा विषयक आलंकारिक दृष्टि में कहीं गुंजाइश नहीं थी, क्योंकि अरस्तू-द्वारा निरूपित त्रासदी के संरचनात्मक तत्त्वों में उन दोनों में से किसी का उल्लेख नहीं है। यदि टेट की यह मान्यता सही है तो यह भी सही है कि लोंगिनुस ने **भाषा के माध्यम** से साहित्य की सुसंगत आलोचना को सम्भव बनाया। यदि उदात्त की उपलब्धि के लिए जैसा कि लोंगिनुस का कहना था, कला अथवा टेकनीक आवश्यक है तो लोंगिनुस नई आलोचना की भाषा में टेकनीक के उस रूप पर बल दे रहे थे जो भाषा के **माध्यम** से भाषा के **अन्तर्गत** सम्भव बनाए जा सकनेवाले कथ्य का नियन्त्रित बोध है।[122]

नए आलोचकों की दिलचस्पी का दूसरा आधार है लोंगिनुस का यह सूत्र : 'याद रखने की सबसे महत्त्वपूर्ण बात यह है कि इस तथ्य का बोध कला से ही हो सकता है कि साहित्य में कुछ प्रभाव केवल नैसर्गिक प्रतिभा से ही उत्पन्न होते हैं।'[123]

इस वक्तव्य में रोमांटिक आलोचकों को जहाँ नैसर्गिक प्रतिभा की महत्त्व-प्रतिष्ठा दिखाई पड़ी थी, नए आलोचकों को कला के महत्त्व का संकेत मिला। नए आलोचकों के अनुसार लोंगिनुस यहाँ यह कहना चाहता है कि कलात्मक अथवा शैलीगत स्वायत्तता एक भ्रम है क्योंकि विषय का अन्वेषण करने की प्रक्रिया में ही शैली अस्तित्व में आती है और इसके साथ ही शैली-द्वारा रूप-ग्रहण करने के बाद ही विषय का अस्तित्व दृष्टिगत होता है। इस निर्माण की प्रक्रिया में ही शैली उस वस्तु का उद्घाटन करती है जो शैली नहीं है। इस प्रकार लोंगिनुस नई आलोचना में प्रतिष्ठित काव्य के उस आवयविक सिद्धान्त (ऑर्गेनिक थियरी ऑफ़ पोएट्री) का बीजारोपण करता है जिसके अनुसार विषय और रूप के बीच तादात्म्य-सम्बन्ध नहीं बल्कि ऐसा द्वन्द्वात्मक सम्बन्ध है जो परस्पर-प्रभाव के द्वारा उनके बीच गत्वरता एवं परिवर्तनशीलता का पोषण करता है।

नई आलोचना 'आवयविक काव्य-सिद्धान्त' में निहित अर्थापत्तियों को आगे बढ़ाती हुई काव्य में संरचनात्मक एकता (स्ट्रक्चरल यूनिटी) पर बल देती है। इस दृष्टि से नए आलोचकों को 'पेरि इप्सुस' के 39 वें और 40 वें अध्यायों में 'सुंथेसिस'

का विवेचन तथा 10 वें अध्याय में सैफ़ो के प्रगीत का संरचनात्मक विश्लेषण विशेष दिलचस्प लगता है। ग्रीक 'सुंथेसिस' का अंग्रेज़ी प्रतिशब्द कहीं 'Ordonnace' (ऑरडोनेंस) और कहीं 'Harmony' (हार्मनी) किया गया है। हिन्दी में किसी ने उसे 'सामंजस्य' कहा है तो किसी ने 'रचना-विधान' अथवा 'समंजित शब्द योजना'। लोंगिनुस के अनुसार यह उदात्त का पाँचवाँ और अन्तिम स्रोत है। 39वें अध्याय के आरम्भ में इसकी व्याख्या 'किसी निश्चित क्रम से शब्दों की योजना करने' के रूप में की गई है। 40वें अध्याय के आरम्भ में इसे और स्पष्ट करने के लिए मानव शरीर का दृष्टान्त देते हुए यह कहा गया है कि 'मानव शरीर की रचना की भाँति ही विभिन्न अंगों के सन्निवेश' से ही उक्ति उदात्त होती है। मानव शरीर के दृष्टान्त से इस 'समंजित' शब्द-रचना की आवयविकता की पुष्टि होती है। काव्य के अन्तर्गत इस सामंजस्य का रूप स्पष्ट करने के लिए लोंगिनुस ने इस सन्दर्भ में संगीत का भी दृष्टान्त लिया है। काव्य में शब्द-सामंजस्य की वही भूमिका होती है जो बांसुरी की तान या सारंगी के स्वर में 'लय' की होती है, जिसे पूरी तरह समझे बिना भी श्रोता लय के आरोह-अवरोह के साथ अनायास झूमने लगता है। यह आकस्मिक नहीं है कि लोंगिनुस ने शब्द-सामंजस्य के सन्दर्भ में मुख्यतः छन्द और गद्य-लय के स्वरूप पर विचार किया है। शब्दों के सुनिश्चित क्रम से गद्य में जो लय होती है वह तनिक से व्यतिक्रम के द्वारा किस प्रकार अपना वास्तविक प्रभाव खो देती है इसे लोंगिनुस ने अपने प्रिय वक्ता दिमोस्थेनीस के एक वाक्य से सविस्तार समझाया है।[124] इसी प्रकार कविता में भी उपयुक्त छन्द के चयन का महत्त्व है। इसे स्पष्ट करने के लिए लोंगिनुस ने एरीपीदिस की पंक्तियाँ उद्धृत की हैं।[125]

एलेन टेट लोंगिनुस के इस विवेचन को अत्यन्त महत्त्वपूर्ण और प्राचीन काव्यशास्त्र में नितान्त मौलिक मानते हैं। उनकी दृष्टि में लोंगिनुस की 'सुंथेसिस' नई आलोचना की 'स्ट्रक्चर' सम्बन्धी धारणा का मूल रूप है। किन्तु दूसरे नए आलोचक विमसाट ने टेट के इस उत्साह के प्रति अपना संकोच प्रकट किया है। विमसाट के अनुसार एक तो लोंगिनुस का 'सुंथेसिस' सम्बन्धी विवेचन इतना संक्षिप्त है, दूसरे यह अरस्तू (रिहटरिक, 315), हेराक्लेओदोरुस तथा लोंगिनुस के पूर्ववर्ती अलंकारशास्त्री दिओनीसिउस के सुप्रसिद्ध ग्रन्थ 'पेरि सुंथेसेओस ओनामातोन' के तत्सम्बन्धी विषयनिरूपण की समानता के कारण इतना परम्पराभुक्त है कि उसे आधुनिक काव्यशास्त्रीय 'स्ट्रक्चर' का समतुल्य समझना आरोप मात्र है। विमसाट की इस आपत्ति में निस्सन्देह काफ़ी वज़न है।

किन्तु 'पेरि इप्सुस' में 'सुंथेसिस' के संक्षिप्त निरूपण से उस अवधारणा का महत्त्व कम नहीं होता। लोंगिनुस ने स्वयं 'पेरि इप्सुस' में इसका विवेचन चाहे जितना कम किया हो (वैसे इस विषय के लिए उस सम्पूर्ण ग्रन्थ के रचना-विन्यास

की दृष्टि से दो अध्याय कम नहीं हैं) किन्तु इसे वह कम महत्त्वपूर्ण नहीं मानता था। भाव-विवेचन के लिए जिस प्रकार उसने एक स्वतन्त्र निबन्ध लिखने की सूचना दी है उसी प्रकार 'सुंथेसिस' के विषय में भी उसने यह सूचना दी है कि 'इस विषय में हम दो निबन्धों में काफ़ी विस्तार से सभी सम्बन्धित बातों की चर्चा कर चुके हैं।'[126] लोंगिनुस के लिए 'सुंथेसिस' की अवधारणा इतनी महत्त्वपूर्ण थी कि 'पेरि इप्सुस' के प्रथम अध्याय में ही उसने इसके महत्त्व को रेखांकित करते हुए कहा : 'किसी रचना में सर्जनात्मक कौशल, समुचित वस्तु-योजना, तथा वस्तु-विन्यास, दो एक सूक्तियों में उद्भासित नहीं होते, वे कृति की पूरी बुनावट के बीच से क्रमशः उभरते हैं।'

रचना की यह 'बुनावट' केवल शिल्प का गुण नहीं है, बल्कि यह रचना का 'समग्र गुण' बल्कि 'समग्र कृति' है क्योंकि यह केवल अनुनयन और अनुरंजन का ही साधन नहीं बल्कि भव्यता और भावावेश का भी अद्भुत साधन है।[127] स्पष्ट है कि लोंगिनुस 'सुंथेसिस' को सामान्य वक्तृत्व के गुण से काफी ऊपर—यहाँ तक कि स्वयं उदात्त वाणी का ही पर्याय समझता था। 'सुंथेसिस' यदि केवल ऊपरी शिल्प-कौशल होता तो उसका लक्ष्य 'अनुनयन' और 'अनुरंजन' तक ही सीमित होता। 'वह वक्ता की सम्पूर्ण शक्तियों को एक ही बार में उद्घाटित कर देती है'—इस वाक्य से सिद्ध है कि 'सुंथेसिस' विचार, भाव, अलंकार, शब्द-चयन आदि विषयवस्तु एवं रूपगत सभी तत्त्वों का समग्र समंजन है।

'सुंथेसिस' का सबसे पूर्ण एवं अकाट्य निरूपण 'पेरि इप्सुस' के 10वें अध्याय में प्राप्त होता है जिसे एलेन टेट ने बड़े उत्साह के साथ 'नई आलोचना' के आदर्श उदाहरण के रूप में उद्धृत किया है और स्वयं विमसाट भी इस विषय में सहमत होने के लिए पूर्णतः विवश दिखते हैं। 'पेरि इप्सुस' का यह प्रसंग इतना महत्त्वपूर्ण है कि इसके वास्तविक महत्त्व से परिचित होने के लिए समग्र उद्धरण आवश्यक है : 'उदात्त का एक कारण हमें इन संयोजक तत्त्वों के सुसंगत और सुखद चुनाव में, तथा इनको एक आवयविक समग्रता के रूप में संग्रथित करने की क्षमता में मिलेगा। कोई लेखक अपने पाठक को विचारों के चुनाव से आकृष्ट करता है और कोई इन चुने हुए विचारों की संघटना से। उदाहरण के लिए सैफ़ो सदा वास्तविक जीवन के भावचक्र में से केवल प्रेम के आवेग के सहवर्ती भावों का ही चयन करती है और उसकी उत्कृष्टता कहाँ प्रकट होती है? उस कौशल में जिससे वह इन भावों में से सबसे तीव्र और सघन अनुभावों का चुनाव और निबन्धन करती है।'

सैफ़ो के इस प्रगीत को लोंगिनुस ने उदात्त का गौरव इसलिए दिया है कि इसमें 'सर्वाधिक प्रभावशाली तत्त्वों का चयन करके उन्हें एक सम्पूर्ण इकाई में संयोजित करने का कौशल' है। स्पष्टतः इस प्रेमगीत में न कोई महान धारणा है

और न कोई विराट वस्तु। फिर भी एक समग्र संयोजन जैसे गुण के कारण यदि यह उदात्त का अधिकारी होता है तो काव्य में 'सुंथेसिस' का महत्त्व निश्चित है। निस्सन्देह लोंगिनुस की इस आलोचना में, जैसा कि एलेन टेट ने भी स्वीकार किया है प्रभावाभिव्यंजक आलोचना शैली का भावोच्छ्वास काफ़ी है। यहाँ तक कि विवरण की भाषा भी प्रभावाभिव्यंजक पदों से भरी हुई है; किन्तु यहाँ आलोचक निरन्तर यह देखने का प्रयास करता दिखता है कि कविता में क्या घटित हो रहा है। एलेन टेट के अनुसार किसी कविता की व्याख्या में ऐसी प्रभावाभिव्यंजकता तो ग़ैर-रोमांटिक समझे जाने वाले कवि-आलोचक टी.एस. इलियट में भी मिलती है। इसलिए यदि इस आलोचना को रोमांटिक कहना ही हो तो लोंगिनुस की सैफ़ो की आलोचना 'एक विकसित रोमांटिक आलोचना' (एन एडवांस्ड रोमांटिक क्रिटिसिज़्म) है...उतनी ही विकसित जितनी टी.एस. इलियट की है।[128]

इसके अतिरिक्त लोंगिनुस कृत सैफ़ो की आलोचना में 'विरुद्धों के सामंजस्य' और 'तनाव' को परिलक्षित करने की क्षमता है। नई आलोचना की इस विशेषता को लोंगिनुस में एलेन टेट ने तो रेखांकित किया ही है, उनसे पहले टी.आर. हेन ने भी लक्षित किया था और हेन ने तो इस प्रसंग में यहाँ तक लिखा था कि विरोधी वृत्तियों के सामंजस्य द्वारा 'एक्सतासिस' अथवा आनन्द की स्थापना करके लोंगिनुस ने आई.ए. रिचर्ड्स द्वारा स्थापित 'Synaesthesis' का ही पूर्वाभास दिया था।[129] उल्लेखनीय है कि लोंगिनुस की इन विशेषताओं की ओर रोमांटिक कवियों और आलोचकों का ध्यान नहीं गया था। नई आलोचना के प्रवर्तकों एवं समर्थकों ने अपने चिन्तन-क्रम में लोंगिनुस में इन तत्त्वों का अन्वेषण किया इससे लोंगिनुस में निहित अनेक रचनात्मक संभावनाओं का आश्वासन प्राप्त होता है। यह लोंगिनुस का महत्त्व है कि वह एक युग तक रोमांटिक काव्य-दृष्टि को प्रेरित और प्रभावित करने के बाद भी परिवर्तित परिस्थितियों में अपने अनुवर्ती अनेक रोमांटिक विचारकों की तरह अभी तक पुराना नहीं पड़ा बल्कि आज भी आधुनिक कविता तथा उससे उत्पन्न होने वाली नई आलोचना के काव्य-सिद्धान्तों को प्रेरित करने की क्षमता के साथ पूरी तरह जीवन्त एवं प्रासंगिक बना हुआ है।

12

'पेरि इप्सुस' के सभी पक्षों का विवेचन करने के बाद उसका रचनाकार लोंगिनुस एक युगान्तरकारी और अप्रतिम आलोचक के रूप में सामने आता है। एक ह्रासोन्मुख युग में उत्पन्न होकर भी उसने समकालीन सांस्कृतिक पतन के वातावरण से ऊपर उठने का प्रयास किया। यह लोंगिनुस के उदात्त व्यक्तित्व और मानसिक

ऊर्जा का स्पष्ट प्रमाण है।

लोंगिनुस का ऐतिहासिक कार्य यह है कि उसने अपने युग के सांस्कृतिक संकट को अनाविल दृष्टि से पहचाना और समाधान-स्वरूप अपनी रुचि और मति के अनुरूप साहित्य और वक्तृता के क्षेत्र में उदात्त मानदंड की स्थापना की। अपने मानदंड के उपयुक्त समकालीन साहित्य में कोई उदाहरण न पाकर उसने अतीत के महान साहित्यकारों एवं वक्ताओं के कृतित्व की पुनर्व्याख्या की और इस प्रकार एक विस्मृत एवं खंडित परम्परा को पुनर्जीवित किया। उसने समकालीन साहित्य एवं वक्तृता में व्याप्त क्षुद्रता, बालेयता, वागाडम्बर तथा भावाडम्बर आदि की ही कड़ी आलोचना नहीं की बल्कि इस बहाने उन प्रवृत्तियों को प्रोत्साहित करने वाले रीतिवादी साहित्यशास्त्र का भी प्रबल खंडन किया। नवीनता के पीछे पागल लोगों के भ्रम का उद्‌घाटन करके उसने सही रास्ता दिखाया और असाधारण की खोज में कोरे चमत्कारों की सृष्टि करनेवाली रचनात्मक प्रतिभा के सम्मुख साधारण में निहित उदात्त का उदाहरण प्रस्तुत किया। ये सभी समस्याएँ अत्यन्त तात्कालिक और आवश्यक थीं जिनकी ओर उस समय किसी आलोचक का ध्यान न था। लोंगिनुस अकेला आलोचक है जिसने उस समय अपने ऐतिहासिक दायित्व का निर्वाह किया और इस दायित्व ने उसे इतिहास में अद्वितीय विशिष्टता प्रदान की।

लोंगिनुस की मौलिकता यह है कि उसने साहित्यशास्त्र में रचनाकार के व्यक्तित्व की प्रतिष्ठा की। रचनाकार के व्यक्तित्व के महत्त्व पर बल देकर उसने काव्य और वक्तृता में आन्तरिक मूल्यों की स्थापना की। इस प्रकार साहित्य-सृजन में विचारों और भावों को समुचित स्थान प्राप्त हुआ। आनन्द अथवा आत्मातिक्रमण को साहित्य का सर्वोच्च लक्ष्य घोषित करके उसने साहित्य को अनुनयन एवं अनुरंजन के निम्न स्तर से ऊपर उठाने का प्रयास किया। विषयवस्तु और भाषाशैली की द्वन्द्वात्मक एकता और समंजन पर बल देकर उसने साहित्यशास्त्र में पहली बार स्पष्टता के साथ आवयविक काव्य-सिद्धान्त का निरूपण किया। इसके अतिरिक्त, काव्य में बिम्ब-योजना के विशिष्ट कार्य पर बल देना तथा गद्य एवं कविता में लय का महत्त्व-निरूपण करना आदि लोंगिनुस के मौलिक प्रयासों में गिने जा सकते हैं।

'पेरि इप्सुस' की विवेचन-सीमा के अन्तर्गत वक्तृता से लेकर प्रगीत, महाकाव्य, नाटक, इतिहास आदि सम्पूर्ण वाङ्मय को समेटकर लोंगिनुस ने साहित्य की ऐसी व्यापक अवधारणा प्रस्तुत की जो दृष्टि की व्यापकता में आज भी अप्रतिम है। यह नहीं कि लोंगिनुस वक्तृता और काव्य अथवा काव्य और इतिहास का अन्तर नहीं समझता था। वस्तुस्थिति तो यह है कि प्रसंग उपस्थित होने पर अन्तर का निर्देश करने में उससे कहीं भी चूक नहीं हुई। वस्तुतः उदात्त के विवेचन-क्रम में वक्तृता, इतिहास, दर्शन, काव्य, नाटक आदि सभी विषयों तक दृष्टि दौड़ाकर उसने

इनके अन्तःसम्बन्धों की ओर संकेत किया, जिससे साहित्यशास्त्र में दृष्टि-विस्तार की संभावना प्रस्तुत हुई।

साहित्यशास्त्र में लोंगिनुस एक साथ ही ऐतिहासिक, तुलनात्मक, निर्णयात्मक एवं विश्लेषणात्मक आलोचना-पद्धतियों का प्रतिष्ठाता है। ऐतिहासिक आलोचना-पद्धति का उदाहरण है 'इलियद' से 'ओदेसी' को हीन मानना और इस हीनता का कारण होमर की वृद्धावस्था को ठहराना। तुलनात्मक आलोचना का सर्वोत्तम रूप है दिमोस्थेनीस और सिसरो की वक्तृताओं के प्रभाव की तुलना। जहाँ तक निर्णयात्मक आलोचना का प्रश्न है, लोंगिनुस की सम्पूर्ण कृति उसके स्पष्ट निर्णयात्मक वक्तव्यों से परिपूर्ण है। लोंगिनुस किसी कवि, लेखक या वक्ता की एक उक्ति का विश्लेषण करके चुप रह जाने वाला आलोचक नहीं बल्कि वह उसके विषय में दो टूक मूल्य-निर्णय भी देता है जैसे प्लेटो की महिमा स्वीकार करते हुए भी उसके दोषों का स्पष्ट उल्लेख। किन्तु सबसे महत्त्वपूर्ण है लोंगिनुस की विश्लेषणात्मक आलोचना, जिसे आधुनिक व्यावहारिक आलोचना का पूर्वरूप कहा जा सकता है। इस दृष्टि से सैफ़ो के प्रगीत और होमर के 'इलियद' के कुछ अवतरणों का सूक्ष्म विश्लेषण आज के व्यावहारिक समीक्षकों के लिए भी स्पर्धा का विषय है।

लोंगिनुस की चिन्तन-पद्धति और भाषा शैली उसके सिद्धान्तों से कम महत्त्वपूर्ण नहीं है। प्लेटो के अनुयायी लोंगिनुस ने अपनी चिन्तन-पद्धति के लिए प्लेटो के समान ही द्वन्द्वात्मक पद्धति अपनाई, जिसके कारण उसे प्रत्येक वस्तु में निहित अन्तर्विरोधों की सच्ची पहचान हो सकी। सैफ़ो के प्रगीत में विरुद्धों का सामंजस्य देखनेवाले स्वयं लोंगिनुस की कृति 'पेरि इप्सुस' में भी विरुद्धों का अद्भुत सामंजस्य दिखाई पड़ता है। लोंगिनुस की भाषा भाव-प्रवण और बिम्ब-बहुल है, जिसके कारण 'पेरि इप्सुस' एक आलोचना-ग्रन्थ होते हुए भी रचनात्मक कृति का अनुभव देती है। अरस्तू और होरेस की शुष्क शास्त्रीयता के बाद लोंगिनुस ताज़ा हवा के झोंके के समान प्राप्त होते हैं। दरअसल यह सच्ची रचनात्मक आलोचना है।

'पेरि इप्सुस' की सबसे असाधारण विशेषता, जैसा कि विमसाट ने कहा है, मानदंडों की विविधता है; उसमें कविता के मूल्यांकन के लिए अनेक पद्धतियाँ और दृष्टियाँ अपनाई गई हैं। वैसे तो प्रमुख पद्धतियाँ तीन हैं : श्रोता का आनन्द, रचनाकार की प्रतिभा और अलंकार के कौशल; किन्तु इनके साथ लगे हाथों वह यह मानदंड भी उपस्थित करता गया कि 'महान काव्य वह है जो सभी को और सर्वदा आनन्दित करे।'[130] इस सबसे लोंगिनुस के मानदंड के लचीलेपन और दृष्टि की जनतान्त्रिकता का आभास मिलता है।

कुल मिलाकर लोंगिनुस अपने उदात्त नैतिक बोध, सूक्ष्म अन्तर्दृष्टि, परिष्कृत रुचि और मौलिक चिन्तन के कारण साहित्यशास्त्र के इतिहास में प्रथम श्रेणी के आलोचकों में स्थान रखता है। पुनर्जागरण युग से लेकर आज तक जिस प्रकार

एक के बाद एक साहित्यिक आन्दोलन ने उससे प्रेरणा ग्रहण की उससे उसकी अक्षय जीवन्तता प्रमाणित होती है। यह लोंगिनुस की महानता ही है कि रोमांटिक और गैर-रोमांटिक दोनों प्रवृत्तियों के लेखक परस्पर-विरोधी होते हुए भी लोंगिनुस से एक साथ प्रेरणा प्राप्त करते हैं। लोंगिनुस के अध्ययन से निश्चय ही हिन्दी आलोचना भी समृद्ध हो सकती है और आज के हमारे नैतिक और सांस्कृतिक ह्रास के वातावरण में तो लोंगिनुस की उदात्त वाणी असंदिग्ध रूप से संजीवनी का काम करेगी।

संदर्भ

1. द मेकिंग ऑफ़ लिट्रेचर, पृ. 80
2. देखिए विमसाट एंड ब्रुक्स : लिटरेरी क्रिटिसिज़्म : ए शॉर्ट हिस्ट्री, 1957, पृ. 98
3. जॉर्ज सेण्ट्सबरी : ए हिस्ट्री ऑफ़ क्रिटिसिज़्म, जिल्द 1, पृ. 155
4. The Larger Conception of literature does not appear in the poetics—it is just the awareness of *literature at large* which raises his (Longinus's) theory of the relation of language and subject to a higher degree of useful generality than any literary theory before him had reached.
   —Longinus and 'New criticism', 1948
5. लोंगिनुस ऑन द सब्लाइम, आमुख, पृ. 7
6. एटकिन्स : लिटरेरी क्रिटिसिज़्म इन एंटिक्विटी, जिल्द 2, पृ. 219
7. ए हिस्ट्री ऑफ़ क्रिटिसिज़्म, जिल्द 1, पृ. 159
8. अध्याय 8
9. अध्याय 9
10. अध्याय 15
11. अध्याय 27
12. अध्याय 8
13. अध्याय 27
14. अध्याय 13
15. लोंगिनुस ऑन द सब्लाइम, भूमिका, पृ. 34
16. ए हिस्ट्री ऑफ़ क्रिटिसिज़्म, जिल्द 1, पृ. 161
17. वही
18. लिटरेरी क्रिटिसिज़्म : ए शॉर्ट हिस्ट्री, पृ. 100
19. अध्याय 8
20. अध्याय 9
21. अध्याय 9
22. अध्याय 8
23. वही
24. वही

25. अध्याय 12
26. वही
27. वही
28. अध्याय 20
29. अध्याय 16
30. अध्याय 11
31. वही
32. वही
33. अध्याय 17
34. अध्याय 32
35. अध्याय 38
36. वही
37. अध्याय 17
38. वही
39. वही
40. अध्याय 18
41. अध्याय 20
42. अध्याय 30
43. वही
44. अध्याय 31
45. अध्याय 39
46. अध्याय 43
47. अध्याय 41
48. वही
49. वही
50. विमसाट एण्ड ब्रुक्स की लिटरेरी क्रिटिसिज़्म : 'ए शॉर्ट हिस्ट्री' पृ. 285 पर उद्धृत
51. ए हिस्ट्री ऑफ़ क्रिटिसिज़्म, जिल्द 1, पृ. 153-54
52. लिटरेरी क्रिटिसिज़्म : ए शॉर्ट हिस्ट्री, पृ. 104
53. अध्याय 1
54. वही
55. अध्याय 35
56. अध्याय 9
57. अध्याय 34
58. अध्याय 12
59. अध्याय 34
60. अध्याय 9
61. वही

62. अध्याय 15
63. अध्याय 13
64. अध्याय 12
65. अध्याय 7
66. अध्याय 1
67. लिटरेरी क्रिटिसिज़्म इन एंटिक्विटी, पृ. 249
68. लोंगिनुस एण्ड दि न्यू क्रिटिसिज़्म, 1948
69. लिटरेरी क्रिटिसिज़्म : ए शॉर्ट हिस्ट्री, पृ. 97
70. अध्याय 9
71. वही
72. वही
73. अध्याय 2
74. अध्याय 35
75. अध्याय 36
76. अध्याय 9
77. अध्याय 13
78. वही
79. अध्याय 2
80. वही
81. अध्याय 9
82. अध्याय 10
83. अध्याय 15
84. वही
85. वही
86. अध्याय 9
87. वही
88. वही
89. अध्याय 12
90. अध्याय 34
91. वही
92. अध्याय 10
93. लिटरेरी क्रिटिसिज़्म : ए शॉर्ट हिस्ट्री, पृ. 106
94. अध्याय 5
95. अध्याय 3
96. वही
97. वही
98. वही

99. वही
100. वही
101. वही
102. अध्याय 5
103. वही
104. अध्याय 41
105. अध्याय 42
106. अध्याय 43
107. वही
108. अध्याय 32
109. अध्याय 12
110. वही
111. अध्याय 13
112. अध्याय 28
113. दि मिरर एंड दि लैम्प, 1958, अध्याय 4, अनुभाग 2 तथा अध्याय 6, अनुभाग 2
114. अध्याय 8
115. अध्याय 7
116. 'दि पोएटिक प्रिंसिपल' तथा 'दि फ़िलासफ़ी ऑफ़ कम्पोज़ीशन'।
117. 'दि पर्फ़ेक्ट क्रिटिक', दि सेक्रेड वुड, पृ. 13
118. 'लोंगिनुस एण्ड दि न्यू क्रिटिसिज़्म', दि मैन ऑफ़ लेटर्स इन दि मॉडर्न वर्ल्ड, पृ. 177
119. मॉडर्न पोएट्री एण्ड ट्रेडिशन : संशोधित संस्करण की भूमिका (1965)
120. दि आर्गुमेंट ऑफ़ लोंगिनुस ऑन दि सब्लाइम, क्रिटिक्स एण्ड दि क्रिटिसिज़्म, पृ. 232-59
121. दि मैन ऑफ़ लेटर्स इन दि मॉडर्न वर्ल्ड, पृ. 187
122. "—technique, the controlled awareness *through* language of what can be made actual in language."

    –The Men of Letters in the Modern World, p. 181
123. अध्याय 2
124. अध्याय 39
125. अध्याय 40
126. अध्याय 39
127. वही
128. दि मैन ऑफ़ लेटर्स इन दि मॉडर्न वर्ल्ड, पृ. 186
129. लोंगिनुस एंड दि इंग्लिश क्रिटिसिज़्म, केम्ब्रिज, 1934
130. लिटरेरी क्रिटिसिज़्म : ए शॉर्ट हिस्ट्री, पृ. 107

उदात्त के विषय में

(मूल ग्रन्थ का हिन्दी अनुवाद)

उदात्त के विषय में

प्रिय पोस्तुमिउस तेरेन्तिआनुस, तुम्हें स्मरण होगा कि कैकिलिउस का उदात्त-विषयक लघु-प्रबन्ध जब हम लोग साथ-साथ पढ़ रहे थे तो हमें लगा था कि सम्पूर्ण विषय की गरिमा की तुलना में वह बहुत हल्का है और मुख्य बातों का विचार तो उसमें एकदम छोड़ ही दिया गया है। परिणामतः उससे पाठकों को बहुत दूर तक वह व्यावहारिक सहायता नहीं मिलती जिसे प्रदान करना किसी लेखक का प्रमुख लक्ष्य होना चाहिए। इसके अतिरिक्त किसी भी व्यवस्थित प्रबन्ध में दो बातें अपेक्षित हैं : पहले तो विषय की परिभाषा, और दूसरे, जो वास्तव में अधिक महत्त्वपूर्ण है, उस पद्धति का निर्देश जिसके द्वारा हम स्वयं उस लक्ष्य को प्राप्त कर सकते हैं। कैकिलिउस हमें अज्ञ समझकर हज़ारों उदाहरणों के द्वारा उदात्त का स्वरूप प्रदर्शित करना चाहता है, लेकिन विचित्र बात है कि उसने उन साधनों को अनावश्यक समझकर एकदम छोड़ दिया जिनसे हम अपनी क्षमताओं को एक निश्चित स्तर तक उठाने में सफल हो सकते हैं। (2) फिर भी जहाँ तक कैकिलिउस का सम्बन्ध है हमें उसकी चूक के लिए दोष देने की अपेक्षा इस निबन्ध की सूझ-मात्र और इस पर किए गए श्रम की प्रशंसा ही करनी चाहिए। लेकिन चूँकि तुमने विशेष रूप से अपने सन्तोष के लिए मुझसे भी उदात्त पर कुछ स्फुट विचार लिपिबद्ध करने का अनुरोध किया है, इसलिए यह विचार कर लेना चाहिए कि सार्वजनिक वक्ताओं के लिए हमारे विचारों का कोई वास्तविक मूल्य है भी या नहीं; मित्र मुझे विश्वास है कि इस जिज्ञासा-क्रम में तुम अपनी अन्तःप्रेरणा और कर्तव्य-भावना के अनुरूप अपने निष्पक्ष निर्णय से मुझे अवगत कराओगे। किसी ने ठीक ही कहा है कि दो बातों में हम देवताओं के समतुल्य हैं—'उदारता और सत्यप्रियता में।'[1] (3) तुम्हारे जैसे विद्वान और संस्कारी व्यक्ति को पत्र लिखते समय, मित्रवर, इस विषय में कोई लम्बी भूमिका बाँधने की आवश्यकता नहीं रह जाती कि भाषा[2] का वैशिष्ट्य और चरमोत्कर्ष ही उदात्त है और यही एकमात्र स्रोत है जिससे महान कवियों और इतिहासकारों को जीवन में प्रतिष्ठा और अमर यश मिला है।

1. इस उक्ति का सम्बन्ध पिथग़ोरस और दिमोस्थेनीस दोनों से जोड़ा जाता है।
2. Language/expression.

(4) प्रतिभा[1] का प्रभाव श्रोताओं पर अनुनयन के रूप में नहीं बल्कि आत्मातिक्रमण के रूप में होता है। जो विस्मय का उद्रेक[2] करता है वह निरपवाद रूप से हमें मन्त्रमुग्ध कर लेता है और वह उससे सदैव श्रेष्ठ होता है जो केवल तर्कसंगत[3] और मनोरंजक[4] है। क्योंकि हमारे विश्वास प्रायः हमारे अधीन होते हैं जबकि ऐसे अंशों का प्रभाव दुर्निवार होता है और वह सभी श्रोताओं पर हावी हो जाता है।[5]

किसी रचना में सर्जनात्मक कौशल, समुचित वस्तु-योजना तथा वस्तु विन्यास, दो-एक युक्तियों में उद्भासित नहीं होते। वे कृति की पूरी बुनावट के बीच से क्रमशः उभरते हैं। दूसरी ओर उचित क्षण में उदात्त की एक कौंध वस्तु को छिन्न-भिन्न करती हुई वक्ता की सम्पूर्ण शक्तियों को एक ही बार में उद्घाटित कर देती है। किन्तु जैसा मैंने कहा है प्रिय तेरेन्तिआनुस यह और इस प्रकार के अन्य संकेत तो तुम स्वयं अपने अनुभव के आधार पर प्रस्तुत कर सकते हो।

2

सबसे पहले तो हमें इस प्रश्न से आरम्भ करना चाहिए कि ऊँचाई (उदात्तता) या गहराई (गम्भीरता)[6] की कला जैसी कोई चीज है या नहीं। क्योंकि कुछ लोगों का विचार है कि जो लोग ऐसे विषयों को कलाशास्त्रीय अनुशासन के अन्तर्गत लाना चाहते हैं वे भ्रम में हैं। कहा जाता है कि प्रतिभा[7] जन्मजात होती है, शिक्षा-लब्ध

---

1. genius/elevated language
2. inspires wonder/imposing speech
3. convincing/persuation
4. pleasing/gratification
5. convictions/persuations
   है. फा. For our convictions are usually under our own control, while such passages excercise an irresistible power of mastery and get the upper hand with every member of the audience.रा. री. Our persuations we can usually control, but the influences of sublime bring power and irresistable might to bear & reign supreme over every hearer.
6. मूल ग्रीक में आए हुए पद bathous का अक्षरशः अंग्रेजी अनुवाद 'ऑफ़ हाइट ऑर ऑफ़ डैप्थ' है। पोप ने उच्चारण-साम्य के आधार पर भ्रमवश इसका अनुवाद 'bathos' किया, जिससे निम्नता का बोध होता है। Hamilton Fyfe ने इसका अनुवाद profundity किया है। A.D. Prickard ने इसका अनुवाद sublime or of its opposite, किया है तथा Robert Rhys ने Lofty.
7. Genius/lofty tone.

नहीं। उसकी उत्पत्ति केवल प्रकृति के द्वारा ही सम्भव है। लोगों का विचार है कि नैसर्गिक कृतित्व नियमों और निर्देशों का सूखा कंकाल बनकर भ्रष्ट तथा श्रीहीन हो जाता है। (2) मेरी राय में तो इसका ठीक उल्टा साबित किया जा सकता है। यदि हम यह मान लें कि भावों की उदात्त भूमिका में प्रायः प्रकृति नियम-रहित होती है तो भी ऐसा नहीं है कि प्रकृति के कार्य पूर्णतः अनियमित और यादृच्छिक रूप में घटित होते हों। प्रत्येक सृजन का आदि कारण और महान उदाहरण प्रकृति है। परन्तु मात्रा, समयौचित्य, प्रयोग और विनियोग के निर्दोष नियम सम्बन्धी सभी प्रश्न कला अथवा शास्त्र-विधि की ही देन होते हैं। हमें यह भी याद रखना चाहिए कि जब भव्यता को वैज्ञानिक पद्धति के नियन्त्रण से मुक्त—बिना किसी आधार या अवधारक के अशिक्षित उत्साह के प्रभाव पर छोड़ दिया जाए तो उसमें खतरे कहीं अधिक होते हैं। प्रतिभा के लिए जितनी प्रेरणा की अपेक्षा है उतनी ही अंकुश की भी। दिमोस्थेनीस ने मानव के सामान्य जीवन के विषय में घोषणा की है कि सौभाग्य सबसे बड़ा वरदान है। दूसरा स्थान सद्विवेक[1] का है जिसका महत्त्व भी लगभग उतना ही है क्योंकि उसके अभाव में प्रायः सौभाग्य का भी कोई लाभ नहीं। इस सिद्धान्त को साहित्य[2] पर लागू करते हुए कहा जा सकता है कि सौभाग्य का स्थान प्रकृति को और सद्विवेक का स्थान कला को प्राप्त है। सबसे महत्त्वपूर्ण बात यह है कि इस तथ्य का बोध कला से ही हो सकता है कि साहित्य में कुछ प्रभाव केवल नैसर्गिक प्रतिभा से ही उत्पन्न होते हैं। इसलिए, जैसा कि मैंने कहा, जो लोग इस कला के जिज्ञासुओं की आलोचना करते हैं वे यदि इन सब बातों पर विचार करेंगे, तो मेरा अनुमान है कि वे इस विवेचन को अनावश्यक और निरर्थक न समझेंगे।

[पाण्डुलिपि के दो पृष्ठ यहाँ लुप्त हैं]

3

रहे बुझाते अग्नि-कुण्ड की ऊर्ध्व-शिखा वे चाहे
दीख गई पर मुझे एक भी चिनगारी यदि उसमें
तो प्रवाह की भाँति विच्छुरित कर ज्वाला की माला
भस्म करूँगा इस छत को मैं क्षार-क्षार कर दूँगा
किन्तु आज मेरी वाणी में नहीं, भव्य स्वर कोई।

1. good judgement/good counsel
2. literature/diction

यह सब त्रासदी का लहजा नहीं बल्कि छद्म त्रासद है : 'अग्नि शिखाएँ' और 'गगनघोषी उद्गार' और बोरेअस का वंशीवादक में रूपान्तरण इत्यादि।[1] यह शब्दावली क्लिष्ट है और बिम्ब-योजना तीव्र नहीं बल्कि अस्पष्ट है। प्रत्येक प्रयोग की परीक्षा करने पर वह क्रमशः भयावह के स्थान पर हास्यास्पद प्रतीत होने लगता है। निस्सन्देह त्रासदी में राजसी तड़क-भड़क और शब्दाडम्बर के लिए स्वभावतः गुंजाइश होती है, फिर भी उसमें प्रसंगच्युत वागाडम्बर अक्षम्य होता है, निश्चय ही वह वास्तविक वार्ता के लिए तो और भी अनुपयुक्त होगा। (2) यही कारण है कि लियोन्तीनी का गोर्गिअस जब क्सेरक्सीस को 'ईरान का जेफ़्स' और गिद्धों को 'जीवित समाधि' कहता है, तो लोग उस पर हँसते हैं। यही बात कल्लिस्थेनीस की कुछ उक्तियों के बारे में सही है जो उदात्त नहीं बल्कि वाक्स्फीतिपूर्ण हैं। इससे भी अधिक यह क्लितारखुस की भाषा के विषय में सही है जो एक ढोंगी[2] जीव है और जोसोफ़ोक्लीस के शब्दों में 'साँसें फुला-फुलाकर सरकण्डे की पिपहरी' बजाता है।

इसी प्रकार के उदाहरण अम्फ़िक्रतीस, हेगेसिअस और मत्रिस में भी मिलते हैं क्योंकि बहुधा जब वे अपने को अन्तःप्रेरित समझते हैं तब उनका यह कल्पित हर्षोन्माद बालसुलभ मूढ़ता मात्र होता है। (3) सामान्य रूप से कहा जा सकता है कि वागाडम्बर ऐसे दोषों में से है जिससे बचना कठिन है। क्योंकि ऐसे लेखक जिनका लक्ष्य भव्यता है, शुष्कता और क्षीणता से बचने के प्रयास में किसी न किसी तरह इस दोष के शिकार हो जाते हैं क्योंकि उनकी आस्था इस सिद्धान्त-वचन में रहती है कि : 'ऊँचे लक्ष्य से गिरने में कोई लज्जा नहीं होती'।[3] शोथ चाहे शरीर में हो या रचना में, दोष ही माना जाएगा। इस प्रकार की सच्चाई से शून्य, खोखली स्फीति अभीष्ट के विपरीत प्रभाव ही उत्पन्न करती है। जैसा कहा गया है कि 'जलोदर से अधिक शुष्कता कहीं नहीं होती।'

वागाडम्बर उदात्त का अतिक्रमण करने के प्रयास से उत्पन्न होता है। दूसरी ओर बालेयता भव्यता के ठीक विपरीत होती है। वह सर्वथा अधम, क्षुद्र और सच पूछा जाए तो शैली का सबसे जघन्य दोष है। आखिर यह बालेयता है क्या? क्या स्पष्ट ही यह पण्डिताऊ दृष्टि नहीं है जहाँ अतिशय विस्तार की परिणति

1. ये वाक्यांश उद्धृत पंक्तियों में नहीं हैं। अतः सम्भवतः उद्धरण का कुछ अंश लुप्त है।
2. affected/frivolous
3. H.F. to miss a high aim is to fail without shame. R.R. failure in a great attempt is atleast a noble error.

शब्दाडम्बरपूर्ण असफलता में होती है।[1] लेखक जब असाधारण, अतिरमणीय और इससे भी अधिक मनोरंजक होने की कोशिश करते हैं तो इस दोष के शिकार हो जाते हैं और अन्ततः कृत्रिमता की चमकदार समुद्री चट्टान से फिसल जाते हैं। (4) एक तीसरे प्रकार का दोष होता है जो विशेषतः भावावेगपूर्ण अनुच्छेदों में पाया जाता है। इसे थ्योदोरुस 'भावाडम्बर'[2] कहा करता था। इसका अर्थ है, जहाँ आवेग की अपेक्षा न हो, वहाँ असंगत और निरर्थक आवेग की अभिव्यक्ति, अथवा जहाँ नियन्त्रण की आवश्यकता हो वहाँ भाव का अनियन्त्रित प्रयोग। लेखक प्रायः मद्यपों की भाँति आचरण करते हैं और ऐसे स्थलों पर भी भावोच्छ्वास के शिकार हो जाते हैं जहाँ वह विषयोचित नहीं होता। इस प्रकार का संवेग पूर्णतः वैयक्तिक, अतः क्लान्तिकर होता है। ऐसे श्रोताओं को जो वैसा ही अनुभव नहीं कर पाते उनका व्यवहार अनुचित प्रतीत होता है। स्वभावतः जब ये कवि हर्षोन्मत्त[3] होते हैं तो श्रोता इनका साथ नहीं देते। वैसे संवेगात्मक अनुच्छेदों पर हम अन्यत्र विचार करेंगे।

4

दूसरा दोष, जिसका उल्लेख हम ऊपर कर चुके हैं, शब्दाडम्बर[4] है। इसके बहुत से उदारहण तिमाउस में मिल जाते हैं, जो अन्य दृष्टियों से एक समर्थ लेखक है, और जिसकी शैली कभी-कभी औदात्य[5] से विहीन नहीं होती। वह विद्वान भी था और विचार-सम्पन्न भी। फिर भी जहाँ वह दूसरे के दोषों का उत्साही आलोचक था, अपने दोषों के प्रति अन्धा-बहरा था। नवीन प्रयोगों के अतिशय लोभ में वह अक्सर बचकानी भावुकता का शिकार हो जाता था। (2) मैं तिमाउस से केवल एक या दो उदाहरण दूँगा क्योंकि कैकिलिउस मुझसे पहले बहुत से उदाहरण दे चुका है। सिकन्दर महान की प्रशस्ति में वह कहता है : 'एक ऐसा व्यक्ति जिसे सम्पूर्ण एशिया का दमन करने में उससे भी कम वर्ष लगे जितने इसोक्रैतिस को फ़ारस पर आक्रमण की प्रेरक प्रशस्ति की रचना में लगे थे।' मकदून के योद्धा की एक आलंकारिक से यह तुलना निश्चय ही अटपटी है। मित्र तिमाउस, यह जाहिर है कि ऐसा कहने से इसोक्रैतिस स्पार्टा-वासियों से कहीं अधिक बेहतर

1. R.R. which begin in learned trifling and end in frigidity. H.F. Is it not obiously the academic attitude, where over elaboration ends in frigid failure?
2. ग्रीक शब्द 'परेनथ्युरसोन' जिसका अर्थ है 'थ्युरसुस' का बेमौके अड़ाना।
3. in ecstasy/besides themselves
4. frigidity
5. Greatness/elevation

साबित होगा, क्योंकि उन्हें तो मेस्सेने के दमन में तीस वर्ष लगे थे, जबकि उसने अपनी 'प्रशस्ति' की रचना दस वर्ष के अन्दर ही कर डाली थी। (3) फिर, उसके द्वारा सिसली में बन्दी अथेंसवासियों की भर्त्सना पर ध्यान दो : 'हर्मिस के प्रति धर्मविरोधी आचरण करने तथा उसकी प्रतिमाओं को खण्डित करने के कारण उन्हें दण्ड मिला, मुख्यतः एक आदमी के कृत्य के कारण जो पितृपक्ष से अपमानित देवता का सम्बन्धी था। यह व्यक्ति हर्मोन का पुत्र हर्मोक्रैतिस था।' प्रिय तेरेन्तिआनुस, मुझे तो इस बात पर आश्चर्य होता है कि उसने अत्याचारी दिओनिसिउस के बारे में यह क्यों नहीं लिखा : 'दिओन और हिराक्लीदिस ने उसकी सत्ता इसलिए छीन ली कि उसने ज़ेफ़्स और हीराक्लीस के प्रति अश्रद्धा व्यक्त की थी।' (4) किन्तु तिमाउस के सम्बन्ध में ही क्या कहा जाए जबकि क्सेनोफ़ोन और प्लेटो जैसे महारथी भी जिन्होंने सुकरात के हाथों में ही अपनी शिक्षा पूर्ण की थी, कभी-कभी सस्ते प्रभावों के मोह में अपने आपको भूल जाते हैं। क्सेनोफ़ोन ने अपने 'स्पार्टा के संविधान'[1] में लिखा है : 'इन स्पार्टावासियों की आवाज़ संगमर्मर के बुतों के समान ही नहीं सुनी जा सकती और कांस्य प्रतिमा के समान ही उनकी पुतलियाँ भी स्थिर हैं। निश्चय ही आप उनकी आँखों में स्वयं कुमारियों से भी अधिक लज्जा देखेंगे[2]। हमारी आँखों की पुतलियों को लज्जाशील कुमारियाँ कहना क्सेनोफ़ोन की अपेक्षा अम्फ़िक्रतीस के अधिक उपयुक्त होता। ताज्जुब है कि हर आदमी की पुतलियों को लज्जाशील मान लिया जाए! जबकि कहावत यह है कि लोगों की निर्लज्जता की अभिव्यक्ति आँखों से ज्यादा और किसी चीज से नहीं होती। जैसा कि होमर का कहना है : 'कुत्ते की आँखों वाला मदान्ध'। (5) तिमाउस ने उस वागाडम्बर[3] को भी क्सेनोफ़ोन के लिए नहीं छोड़ा और उस पर ऐसे झपटा जैसे वह चोरी का माल हो। उदाहरण के लिए अगथोक्लीस जब अपनी रिश्ते की एक बहन का, जो किसी दूसरे की वागदत्ता हो चुकी थी विवाह-समारोह के बीच से ही अपहरण कर लाया तो उसके बारे में वह कहता है : 'कौन कर सकता है ऐसा काम, सिवा उसके जिसकी आँखों में कुमारियों के स्थान पर कुलटाएँ[4] हों'? (6) और प्लेटो के सम्बन्ध में क्या कहते हो जो वैसे तो दिव्य है, वह भी तो कहता है : 'वे मन्दिरों में सुरद्रुम वाले स्मारक लिखकर सुरक्षित रखेंगे' जबकि उसका आशय लकड़ी की तख्ती से था। और इसी प्रकार : 'मेगिलुस, दीवारों के विषय में मैं स्पार्टा से सहमत हूँ कि दीवारों को ज़मीन पर इस रूप में सोने दिया जाए कि वे फिर

1. Constitution of Sparta/Polity of Lacedaemonians
2. आँख की पुतली में पास से देखने वालों का गुड़ियानुमा बिम्ब बनता है, इसलिए उसे कुमारी कहा गया है।
3. Frigid conceit/frigidity
4. Harlots/Wantons

कभी न उठ सकें।' (7) सुन्दर स्त्रियों के सम्बन्ध में हिरोदोतुस का कथन 'चक्षु पीड़क' भी ज्यादा बेहतर नहीं है। फिर भी हिरोदोतुस का यह प्रयोग कुछ हद तक क्षम्य है। उसकी रचना में यह उक्ति बर्बर लोगों के द्वारा कही गई है और वह भी मदमत्त दशा में। फिर भी, इस प्रकार के चरित्रों के मुख से भावी पाठकों के समक्ष इस प्रकार की तुच्छ और अशोभन बातें कहलाना सर्वथा अनुचित है।

5

साहित्य में इस प्रकार के सम्पूर्ण अनौचित्य के बीज एक ही प्रवृत्ति में निहित रहते हैं, और यह प्रवृत्ति मौलिक विचारों की धुन है जिसकी झक आजकल लोगों पर सवार है। हमारे गुण और दोष दोनों का उद्गम एक ही प्रकार के स्रोतों से होता है। अतः यद्यपि शैली का सौन्दर्य, उदात्त अभिव्यक्ति और साथ ही अनुकूल पद-योजना, सब सफल रचना के कारण होते हैं तथापि यही सब मनोहारी तत्त्व किसी भी तरह विफलता के लिए कम आधार और स्रोत सिद्ध नहीं होते। यही बात रचना-वैविध्य, अतिशयोक्ति तथा बहुवचन के विषय में सत्य है। हम आगे चलकर इसके सम्भावित खतरों पर विचार करेंगे। अतः तत्काल आवश्यकता यह सुझाने की है कि हम उदात्त[1] शैली के निकटवर्ती दोषों से कैसे बच सकते हैं?

6

मेरे मित्र इसका उपाय यही है कि सबसे पहले वास्तविक उदात्त क्या है? हम इसका ज्ञान और सही पहचान करें। किन्तु यह काम आसान नहीं है। क्योंकि साहित्य[2] के मूल्यांकन की समझ परिपक्व अनुभव के फलस्वरूप आती है। यदि मुझे इस विषय में नियमानुसार कहना ही हो तो ऐसे विषयों की सही पहचान निम्नलिखित बातों से पैदा होनी असम्भव नहीं है।

7

प्रिय मित्र, हमें यह अवश्य समझना चाहिए कि हमारे नित्य प्रति के जीवन में किसी ऐसी वस्तु को महान नहीं माना जा सकता जिसका तिरस्कार करना बड़ी बात समझी जाती हो। उदाहरण के लिए मेरा आशय सम्पत्ति, पद, प्रतिष्ठा, राजपाट

1. elevated/sublime
2. literature/style

तथा ऐसी ही उन सभी अन्य वस्तुओं से है जिनमें बाहरी तड़क-भड़क होती है। बुद्धिमान मनुष्य की दृष्टि में ये वस्तुएँ निःश्रेयस् नहीं हैं, क्योंकि उनका तिरस्कार भी अपने आप में बहुत श्रेयस् होता है। सच तो यह है कि जिनके पास ये वस्तुएँ होती हैं उनके लिए लोगों में सम्मान कम होता है; उनसे अधिक सम्मान भाव तो ऐसे लोगों के प्रति होता है जो उन्हें पाने की क्षमता रखते हुए भी स्वेच्छया छोड़ देने का बड़प्पन दिखाते हैं। कविता और गद्य में भव्य शैली[1] की यही स्थिति है। हमें यह देखना चाहिए कि कहीं इन उद्धरणों में से कुछ में भव्यता का ऐसा ऊपरी दिखावा[2] तो नहीं जो अप्रासंगिक उपचय से युक्त हो। अथवा ऐसा तो नहीं कि इन सबको उतार देने के बाद वे निरर्थक वागाडम्बर[3] मात्र रह जाएँ जिनकी प्रशंसा की अपेक्षा तिरस्कृति ही अधिक श्रेयस्कर हो। (2) क्योंकि सच्चा औदात्य स्वभावतः हमें ऊपर उठाता है : इस गर्वोन्नत मनःस्थिति में हम आनन्दपूर्ण अहंकार का अनुभव करते हैं गोया उस सुनी हुई कृति के स्रष्टा हम स्वयं ही हों। (3) अतः यदि किसी प्रबुद्ध और मर्मज्ञ व्यक्ति को बारम्बार सुनने पर भी किसी अनुच्छेद के उदात्त प्रभाव का अनुभव न हो, तथा शब्दार्थ से अधिक उसे चिन्तन के लिए सामग्री न मिले वरन् इसके बजाय ध्यान से विचार करने पर रचना उसकी नज़र में गिर जाय और यदि उसका प्रभाव सुनने के क्षण से अधिक न टिके तो उसे सच्चे अर्थ में उदात्त नहीं माना जा सकता। जो रचना सही अर्थ में महान होती है वह विचार के लिए प्रचुर सामग्री देती है।[4] उसके प्रभाव का संवरण कष्टकर ही नहीं दुर्निवार होता है। उसकी स्मृति अटल और अमिट होती है। (4) सामान्य रूप से तुम्हें उन्हीं रचनाओं को वास्तव में सुन्दर और उदात्त समझना चाहिए जो सभी कालों के सभी व्यक्तियों को आनन्द देती हैं, क्योंकि जब प्रकृतियों, जीवन-पद्धतियों, अभिरुचियों, स्थितियों और कालों की दृष्टि से भिन्न व्यक्ति एक ही रचना के बारे में पूर्णतः सहमत हों और समान मत रखते हों, तब ऐसे परस्पर-विरुद्ध निर्णायकों का यह सर्वसम्मत निर्णय उस श्लाघ्य कृति में हमारी आस्था को और दृढ़ और निर्विवाद बनाता है।

8

कहा जा सकता है कि साहित्य में उदात्त[5] के पाँच प्रमुख स्रोत हैं। इन पाँचों के

1. grand style/sublimity
2. Outward show/appearance
3. empty bombast/mere vanity
4. gives abundant food for thought/which bears a repeated examination.
5. sublime/elevated language

मूल में एक सामान्य आधार है जिसके अभाव में कुछ भी सम्भव नहीं और वह आधार है अभिव्यक्ति की सहज क्षमता। इन पाँचों में प्रथम और सर्वाधिक महत्त्वपूर्ण है—महान और पुष्ट विचारों के धारण की क्षमता जैसा कि हम क्सेनोफ़ोन की व्याख्या के प्रसंग में कह चुके हैं।[1] दूसरा स्थान प्रबल भावावेग की प्रेरणा का है। उदात्त के ये दोनों तत्त्व बहुत कुछ सहजात होते हैं, जबकि शेष तीन कला की उपज हैं। तीसरे के अन्तर्गत है अलंकारों की समुचित योजना, जिसके दो सम्भाव्य प्रकार हैं : विचारालंकार और शब्दालंकार। इसके अतिरिक्त चौथा है अभिजात पद-रचना जिसमें शब्द-चयन, बिम्ब-विधान तथा शब्द-समृद्धि का अन्तर्भाव किया जा सकता है। उदात्त का पाँचवाँ स्रोत जिसमें सभी स्रोतों का अन्तर्भाव होता है गरिमा और ऊँचाई का समग्र प्रभाव है।

अब हमें इस बात पर विचार करना चाहिए कि इनमें से प्रत्येक शीर्षक के अन्तर्गत और कौन-सी बातें आती हैं। ऐसा करते हुए हमें इस बात का स्मरण रखना चाहिए कि कैकिलिउस ने इन पाँच वर्गों में से कुछ को छोड़ दिया है। स्पष्टतः उनमें से एक है संवेग (2) यदि उसने ऐसा यह समझकर किया है कि औदात्य और संवेग अभिन्न हैं, और एक में दूसरे का अन्तर्भाव हो जाता है, तो यह उसकी भूल है। क्योंकि कुछ संवेग क्षुद्र होते हैं और उनमें औदात्य का लेश भी नहीं होता जैसे करुणा[2] और भय, तथा दूसरी ओर अनेक उदात्त अंश किसी संवेग से दूर होते हैं। इस प्रकार के सहस्रों उदाहरण हैं। जैसे अलोआदे (स) के सम्बन्ध में कवि (होमर) की ये साहसिक पंक्तियाँ :

> भरे रोष में चले चढ़ाने ओस्सा को ओलिम्पुस पर
> ओस्सा पर फिर पीलिओन को ताकि छू सकें वे अम्बर

और इसके बाद, उससे भी भव्यतर कल्पना से युक्त यह पंक्ति :

> और उन्होंने सचमुच चमत्कार कर डाला

(3) इसी प्रकार वक्ताओं की प्रशस्तियों, समारोह सम्बन्धी भाषणों और औपचारिक वक्तृताओं में भी गरिमा और औदात्य के संस्पर्श होते हैं अगरचे वे अक्सर संवेग-शून्य होते हैं। परिणामतः भावुक वक्ता प्रशस्ति में सफल नहीं होते और प्रशस्तिकारों में संवेग नहीं होता। (4) यदि यह बात कैकिलिउस की अक्ल में नहीं आई कि कभी-कभी संवेग औदात्य का सहायक होता है और इसलिए उसने

---

1. मूल ग्रीक में आए पद का शाब्दिक अर्थ है 'weigty and solid thought' (सेण्ट्सबरी) किन्तु आलोचना में इसका प्रयोग 'vehement' (प्रबल) के अर्थ में लिया जाता है। क्सेनोफ़ोन पर लिखी रचना अप्राप्य है।
2. grief/annoyance

इसे अनुल्लेखनीय समझकर छोड़ दिया, तो निश्चय ही यह उसकी भारी भूल है। मैं यह बात पूरे विश्वास के साथ कहना चाहूँगा कि भव्यता के लिए उचित प्रसंग में सच्चे भाव से बढ़कर साधक और कुछ नहीं होता। वह शब्दों को एक मनोरम उन्माद से अनुप्राणित कर देता है और उन्हें दिव्य आवेश से भर देता है।

9

इन उपकरणों में से प्रथम, अर्थात् नैसर्गिक प्रतिभा[1] का महत्त्व सबसे अधिक है। यद्यपि वह भी अर्जित गुण न होकर प्रकृति-प्रदत्त होती है तथापि हमें भरसक अपने मन को उदात्त के अनुरूप शिक्षा देनी चाहिए तथा उसे पुनः-पुनः भव्य प्रेरणा से गर्भित करना चाहिए। (2) तुम पूछोगे 'कैसे?' इसके सम्बन्ध में मैंने अन्यत्र कुछ ऐसा लिखा है : 'औदात्य महान आत्मा[2] की सच्ची प्रतिध्वनि है।'[3] अतः कभी-कभी विचारमात्र अविवक्षित रहने का पर भी अपनी अन्तर्निष्ठ प्रतिभा[4] के कारण श्लाघ्य हो जाता है। उदाहरण के लिए 'प्रेतों के आह्वान'[5] में अजक्स का मौन किसी भी कथन की अपेक्षा कहीं अधिक उदात्त है। (3) सबसे पहले इसके स्रोत की ओर संकेत करना नितान्त आवश्यक है। साथ ही यह बताना भी कि सच्चे वक्ता का मन न तो क्षुद्र होना चाहिए और न ही अधम। जीवन-पर्यन्त जिनके विचार और आदतें क्षुद्र और अधम रही हैं, उनके लिए कोई अमर और अद्भुत रचना करना असम्भव है। महान शैली गम्भीर विचारों की सहज परिणति है। (4) उदात्त वाणी सदात्मा व्यक्तियों को सहज ही प्राप्त होती है। अलेकज़ेण्डर द्वारा परमेनियो को दिया हुआ उत्तर[6] जिसमें उसने कहा था : 'अपने तईं मैं सन्तुष्ट था...'

---

1. natural genius/elevation of mind
   इस पद का प्रयोग स्पष्ट ही लोंगिनुस ने 'the command of full-blooded ideas' के पर्याय के रूप में किया है जिसे पिछले अध्याय में उन्होंने उदात्त का प्रथम स्रोत स्वीकार किया है।
2. noble mind/great soul
3. रूपक का प्रयोग उस घंटे के साम्य पर किया गया है जो आघात से सच्ची ध्वनि उत्पन्न करता है। परिस्थितियों के आघात से मन से सच्चे स्वर निस्सृत होते हैं।
4. Inherent genius/greatness of soul
5. Summoning of the ghosts/under world
6. कथा प्रचलित है कि परमेनियो ने सिकन्दर से कहा कि यदि वह सिकन्दर होता तो संधि के प्रस्ताव को स्वीकार कर युद्ध बन्द कर देता। इस बात के उत्तर में सिकन्दर ने कहा कि उसने स्वयं ही ऐसा किया होता, यदि वह परमेनियो होता।

[पाण्डुलिपि के छः पृष्ठ यहाँ लुप्त हैं।]

कितना आकाश-पाताल का अन्तर है। कहा जा सकता है कि इससे केवल चण्डी[1] की ही नहीं, बल्कि होमर की महिमा का माप होता है। (5) यदि 'ढाल' को हिसीओद की रचनाओं में शामिल करना उचित हो तो इससे एकदम भिन्न हिसीओद का शोक-वर्णन है :

उसके नथुनों से पानी बह[2] रहा था।

उसने बिम्ब को भयंकर न बनाकर वीभत्स बना दिया है। अब होमर के द्वारा दिव्य-शक्तियों का अतिरंजित वर्णन देखिए :

बैठ शिखर पर दृष्टि गड़ाए कोई सुरा-श्याम सागर पर
जितनी दूर देख सकता है जल-रेखा की धुन्ध चीर कर
उतनी दूर छलाँग लगाते मृत्युंजय के अश्व गरजते
एक बार में।

वह उनकी छलाँग का इतना विस्तार करता है जितनी दूरी पूर्व और पश्चिम के बीच है। इस वर्णन की भव्यता[3] इतनी प्रबल है कि कहा जा सकता है कि यदि ये दिव्य अश्व लगातार दो छलाँग लगाएँ तो विश्व की सीमा का अतिक्रमण कर जाएँगे। (6) पुनः देवताओं के युद्ध-वर्णन में उसकी कल्पना-सम्बन्धी प्रतिभा का प्रमाण मिलता है :

दूर-दूर चहुँ ओर गगन में, ओलिम्पुस में
गूँजा उसका वज्र-तूर्य अब जिसको सुनकर
तिमिर लोक का शासक आदिस लगा काँपने
सिंहासन से उछल-चीख उट्ठा इस डर से :
पोसिदोन भू-कम्पी कहीं उठाकर सत्वर
कर डाले विदीर्ण धरा को, उद्घाटित कर
मर्त्य-अमर्त्यों के समक्ष वे गेह भयंकर—
वे भीषण विकराल सौध देवों से निन्दित

मित्र, तुम देखो, कैसे धरती को उसके आधार से छिन्न कर दिया गया है, पाताल अनावृत पड़ा है, सम्पूर्ण विश्व खण्ड-खण्ड होकर उलट गया है, और साथ ही सभी पदार्थ—स्वर्ग और नरक, मर्त्य और अमर्त्य समान रूप से संघर्ष और उस

---

1. goddess of strife
2. running/trickling
3. grandeur/sublimity

युद्ध के खतरों के समभागी हैं। (7) यद्यपि ये वर्णन भयंकर हैं तथापि यदि इन्हें रूपक न समझा जाय तो वे पूर्णतः धर्म-विरुद्ध हैं और अनुचित हैं। मुझे सचमुच ऐसा लगता है कि होमर ने देवताओं के आहत होने का, उनके झगड़ों, प्रतिशोध, शोक, बंधन और नाना प्रकार के आवेगों का वर्णन करके 'इलिअद' में मनुष्यों को देवता, और देवताओं को मनुष्य बनाने की अपनी ओर से पूरी कोशिश की है। यदि हम मर्त्य लोग दुःखी हैं तो हमारे लिए मृत्यु ही 'विपत्ति सागर में नियत बन्दरगाह है।' किन्तु होमर ने देवताओं को न केवल उनकी अमर प्रकृति प्रदान की बल्कि उन्हें अमर शोक भी दिया है। (8) देवताओं के युद्ध वर्णन से भी कहीं अधिक श्रेष्ठ वे स्थल हैं जिनमें दिव्य स्वभाव का उसके पवित्र, शानदार और अद्वितीय रूप में चित्रण किया गया है। उदाहरण के लिए पोसिदोन[1] सम्बन्धी पंक्तियाँ लीजिए। यद्यपि हमसे पहले और लोगों ने भी इन पर पूरी तरह विचार किया है :

> दूर-दूर तक विस्तृत गिरिमाला, वन-कानन
> तुंग-शृंग, त्रिअ नगर आदि सब थर्राए थे
> थर्रा उठी अखैया के पोतों की पातें
> अमर पदों के तले—बढ़ा था पोसिदोन जब।
> फिर जब बढ़ा तरंगों पर वह, भीषण जलचर
> अपने स्वामी को पहचान, गह्वरों से उठ
> नाच-नाचकर क्रीड़ा करने लगे चतुर्दिक
> द्विधा हो गया सिन्धु हर्ष से, अश्व उड़ चले।

(9) इसी भाँति यहूदियों के विधायक ने, जो सामान्य व्यक्ति न था, दिव्य शक्ति के सम्बन्ध में समुचित धारणा स्थिर करने के उपरान्त उसे अपनी 'विधि संहिता' के आरम्भ में ही व्यक्त करते हुए कहा : ''ईश्वर ने कहा—क्या? 'आलोक प्रकट हो जाय', और आलोक प्रकट हो गया। 'भूमि प्रकट हो जाय' और भूमि प्रकट हो गई।''

(10) मुझे विश्वास है, यदि मैं यहाँ होमर से एक और उद्धरण दूँ तो तुम ऊबोगे नहीं। एक ऐसा उद्धरण, जिसमें मानवीय क्रिया-कलापों का वर्णन है और जिसमें मैं यह दिखा सकूँगा कि होमर को वीरत्व-व्यंजक विषय-वस्तु के औदात्य में अन्तःप्रवेश करने का कितना अभ्यास है। वह सहसा ही यूनानियों के युद्ध को कोहरे और असहाय रात्रि में डुबा देता है। किंकर्तव्यविमूढ़ अज़क्स पुकार उठता है :

> द्यौस, पितर, हे देव बचाओ अन्धकार से
> आज अखैया के पुत्रों को, ज्योति दिखाओ,

---

1. यूनानी समुद्र-देवता

मिले हमारे नयनों को वरदान दृष्टि का
और नष्ट ही करना हो तो करो उजागर,

ये अज़क्स की सच्ची अनुभूतियाँ हैं। वह अपने जीवन के लिए याचना नहीं करता क्योंकि ऐसी प्रार्थना वीरोचित नहीं है। किन्तु इस अशक्त कर देने वाले अंधकार में वह अपने साहस का उपयोग किसी भव्य उद्देश्य के लिए नहीं कर पाता, अतः युद्ध में अपनी अकर्मण्यता से क्षुब्ध होकर वह तत्काल प्रकाश के लिए याचना करता है। उसे आशा है कि इस प्रकार वह कम से कम अपने साहस के अनुरूप अन्त्येष्टि तो पा सकेगा, भले ही फिर स्वयं जेफ़्स को उसके विरुद्ध क्यों न खड़ा कर दिया जाए। (11) निश्चय ही इस प्रसंग में युद्ध के बवंडर में स्वयं होमर भी बह निकलता है। वह इससे इतना अभिभूत हो उठता है कि वह भी :

टूटा वह उन्मत्त शल्यधर युद्धदेव-सा
सर्वविनाशक ज्वाला-सा जो गहन विपिन में
इस पर्वत से उस पर्वत तक लपट उठी हो
फेनोच्छ्वसित हुई उसके ओठों की कोरें।

किन्तु आद्यन्त ओदेसी में, जिसे अनेक कारणों से विचार की परिधि से बाहर नहीं रखा जा सकता, होमर ने यह प्रकट किया है कि जैसे-जैसे प्रतिभा का ह्रास होता जाता है वैसे-वैसे वृद्धावस्था में रोमांस के प्रति अनुराग बढ़ता जाता है। (12) इस बात के अनेक संकेत मिलते हैं कि उसने इसकी रचना इलिअद के बाद की। इसका एक प्रमाण यह है कि होमर ने इलिउम[1] के अवशिष्ट साहसिक कृत्यों की संयोजना उपाख्यानों के रूप में की है। क्या सचमुच ही इस काव्य में वह अपने नायकों का स्यापा नहीं करता और उन्हें शोक की श्रद्धांजलि अर्पित नहीं करता, मानो यह उनका पुराना दाय हो? वस्तुतः ओदेसी को इलिअद का उपसंहार कहा जा सकता है।

वह अज़क्स है महारथी, वह अखिल्लेस है
वह लेटा है पत्रोक्लुस देवोपम मति का
और वहीं पर लेटा है वह प्रिय सुत मेरा

(13) मेरा अनुमान है कि इसी कारण, अपनी प्रतिभा के उत्कर्ष काल में इलिअद की रचना करते हुए उसने उसे नाटकीय क्रिया-व्यापार से जीवन्त बनाया है। जबकि ओदेसी में समाख्यान की प्रधानता है जो कि वृद्धावस्था की विशेषता

1. त्रिअ नगर का एक दुर्ग। साधारणतः इसे त्रिअ का ही दूसरा नाम समझा जाता है।

है। ओदेसी में होमर की तुलना डूबते सूर्य से की जा सकती है, जिसमें भव्यता तो रह जाती है किन्तु तेज नहीं होता। अब उसमें अपनी महान कृति इलिअद की शक्ति शेष नहीं रह गई है—न वह समस्तरीय औदात्य ही मिलता है जो कभी सपाट नहीं होता, और न एक पर एक तेज़ी से घटित होनेवाली घटनाओं की बाढ़, बहुमुखी प्रवाह की तीव्रता और यथार्थता, तथा वास्तविक जीवन से गृहीत छलकती हुई बिम्ब-माला भी नहीं मिलती।[1] ऐसा प्रतीत होता है मानों कोई सागर अपने तल में सिमटकर अपनी परिसीमाओं में शान्त पड़ा हो। यहाँ से हम होमर की महानता के उतरते ज्वार का साक्षत्कार करते हैं जब वह अविश्वसनीय रोमांचक क्षेत्रों में विचरण करता है। (14) ऐसा कहते हुए न मैं ओदेसी के तूफानों को भूला हूँ और न ही कीक्लोप्स जाति (?) की जैसी घटनाओं को। मैं वृद्धावस्था का वर्णन कर रहा हूँ, किन्तु होमर की—फिर भी तथ्य यही है कि इनमें से प्रत्येक अनुच्छेद में यथार्थ कल्पना के हाथों पराजित हुआ है।

मैंने यह विषयान्तर तुम्हें यह दिखाने के लिए किया है कि जैसा मैंने कहा था, नैसर्गिक प्रतिभा[2], ऊर्जा के क्षय के साथ प्रायः सहज ही बकवास[3] में स्खलित हो जाती है। उदाहरण के लिए शराब के चर्म-पात्र की कथा और वे व्यक्ति जिन्हें किरकी ने सुअर बना दिया था—ज़ोइलुस उन्हें 'रिरियाते सुअर' कहता था। इसी प्रकार कपोतों द्वारा जेफ़्स के पोषण का प्रसंग, भग्न पोत पर दस दिन तक ओदीसेउस का उपवास, परिणय प्रार्थियों की हत्या की अविश्वसनीय कथा। क्या कोई इन्हें ज़ेफ्स के सच्चे सपनों के सिवा कुछ और कह सकता है?

(15) इलिअद के साथ ही ओदेसी पर विचार करने का एक और औचित्य भी है। मैं चाहता था कि तुम समझ लो कि भावात्मक शक्ति का ह्रास होने पर महान लेखक और कवि कैसे चरित्र-चित्रण की ओर उन्मुख हो जाते हैं। उदाहरण के लिए ओदीसेउस के घर-बार के दैनन्दिन जीवन के चरित्रांकन प्रहसन की-सी शैली में प्रतीत होते हैं।

10

अब हमें देखना चाहिए कि क्या हम किसी ऐसी विशेषता को खोज सकते हैं जो

---

1. the flood of moving incident in quick succession, the versatile repidity and actuality, brimful of images drawn from real life./there is not the same profusion of accummulated passions nor the supple and oratorical style, packed with images drawn from real life.
2. natural genius/great nature
3. garrupity/absurdity

शैली को उदात्त बना सकती है। सभी वस्तुओं में कुछ ऐसे तत्त्व होते हैं, जो मूलतः उनकी प्रकृति में अन्तर्निहित रहते हैं। अतः यह निश्चित है कि उदात्त का एक कारण हमें इन संयोजक तत्त्वों के सुसंगत और सुखद चुनाव में, तथा इनको एक आवयविक समग्रता के रूप में संग्रथित करने की क्षमता में मिलेगा। कोई लेखक अपने पाठक को विचारों के चुनाव से आकृष्ट करता है और कोई इन चुने हुए विचारों की संघटना से उदाहरण के लिए सैफ़ो सदा वास्तविक जीवन के भावचक्र में से केवल प्रेम के आवेग[1] के सहवर्ती भावों का ही चयन करती है; पर उसकी उत्कृष्टता कहाँ प्रकट होती है? उस कौशल में जिससे वह इन भावों में से सबसे तीव्र और सघन अनुभावों[2] का चुनाव और निबन्धन करती है।

(2) मुझको लगता है देवोपम भाग्यवान वह
बैठा तेरे ढिग, तुझको अपलक निहारता
मौन-मुग्ध जो ध्यानमग्न होकर सुनता है
तेरी मधु-वाणी को, तेरे रजत हास को
    यही, हाँ, यही है रहस्य वह जिससे मेरे
    प्राण फड़फड़ा उठते हैं छाती के भीतर
    पलभर को भी अगर देख लूँ मैं तुझको तो
    जड़ हो जाती जीभ, फूटते बोल न मेरे
कोई कोमल अग्नि लहक उठती है तन में
नयन दृष्टि-हत जैसे कुछ न देख पाते हों
और श्रवण में सहसा भर जाता है मानो
सागर की उत्ताल तरंगों का गुरु-गर्जन
    स्वेद फूटकर बहने लगता धाराओं में
    रोमांचित सर्वांग काँपने लगता थर-थर
    पियरा जाती देह, प्रणय की उस समाधि में
    मुझे परस मिलने लगता आसन्न मृत्यु का।

(3) क्या यह विस्मयकारी नहीं है कि एक ही साथ वह आत्मा शरीर, कान, जिह्वा, आँखें, वर्ण सबका इस प्रकार आह्वान करती है मानों वे उससे अलग होकर कहीं और जा पड़े हों। उसकी अनुभूति में विरुद्धों का सामंजस्य पाया जाता है। वह झुलसती भी है; और ठिठुरती भी, वह बेहोश भी है और होश में भी—क्योंकि वह या तो भयाक्रान्त है या मरणासन्न। वह ऐसा इसलिए करती है कि उसमें संवेग नहीं बल्कि संवेगों का संघात दृष्टिगत हो। ऐसी सब विशेषताएँ प्रेमियों में

1. passion of love/delirious passion
2. symptoms/circumstances of passion

दिखाई पड़ती हैं, परन्तु वह विशेषता जो उसकी कला को चरम उत्कर्ष प्रदान करती है, जैसा मैंने कहा था, उसका वह कौशल है जिससे वह सर्वाधिक प्रभावशाली तत्त्वों का चयन करके उन्हें एक सम्पूर्ण इकाई में संयोजित करती है। मेरे विचार से यह प्रयत्न उसी प्रकार का है जैसे कवि (होमर) तूफ़ानों का वर्णन करते हुए सबसे भयंकर परिस्थितियों का चुनाव करता है। (4) निश्चय ही अरिमसपिआ[1] के लेखक की समझ में ये पंक्तियाँ भयोत्पादक हैं :

और यह आश्चर्य है कैसा महत्
भूमि से जो दूर, बसते सिन्धु में
रोर उठता है तरंगों का जहाँ
वे अभागे जन कि जिनके भाल पर
यन्त्रणा की अमिट रेखाएँ लिखीं
टकटकी बाँधे सितारों पर सदा
हृदय जिनके झूलते हैं लहर पर
वे उठाये हाथ, कातर स्वरों में
किया करते नित्य प्रभु से प्रार्थना

मेरे विचार से हर कोई स्पष्ट देख सकता है कि इन पंक्तियों में भय से अधिक अलंकरण है। (5) पर होमर इसे किस प्रकार कहता है? अनेक उदाहरणों में से केवल एक लीजिए :

टूट पड़ा वह उनपर जैसे उठकर श्याम घटाओं से
झंझा स्फीत तरंग सिन्धु की किसी पोत पर टूट पड़े
आच्छादित कर उसे फेन के शुभ्र कफ़न की चादर से
गरज उठें उसके पालों में झंझानिल की उच्छ्वासें
और देख अपने प्राणों को महाकाल के चंगुल में
त्रस्त-भीत उसका नाविक दल त्राहि-त्राहि कर काँप उठे।

अरातुस ने भी इसी बात को अपने प्रयोजन के लिए थोड़ा बदलकर यों कहा है :

और बचे वे बाल-बाल ही महानाश के चंगुल से

किन्तु उसने विचार को तुच्छ बनाकर इसे भयावह के स्थान पर ललित बना दिया है। इसके अतिरिक्त 'एक तख्ता मौत से बचा रहा है' उसने यह कहकर

---

1. अरिस्तेउस की एक कविता

संकट को परिसीमित कर दिया है। क्योंकि आखिर वह बचा तो रहा ही है। दूसरी ओर होमर एक ही बार संकट[1] को परिसीमित कर देने के स्थान पर लगातार नाविकों का वर्णन इस रूप में करता है जैसे वे बार-बार हर तरंग के साथ मौत के किनारे पहुँच जाते हों। इसके अलावा 'मौत के जबड़ों के भीतर से बाहर' वाक्यांश में ऐसे परसर्गों को जो सामान्यतः संयुक्त नहीं किए जाते बलात् एक असाधारण संयोजन के लिए विवश कर उसने अपनी भाषा को आसन्न संकट के अनुरूप ढाल लिया है। इससे तुलनीय है अर्ख़िलोखुस का वह प्रकरण जिसमें जहाज़ टूटने का वर्णन है, और दिमोस्थेनीस[2] में समाचार पहुँचने का विवरण, जिसका आरम्भ 'अब संध्या हो गई थी' आदि से होता है। दरअसल इन लेखकों ने बहुत सफाई से सभी मुख्य बातों को उनकी योग्यता के क्रम से इस प्रकार नियोजित किया है कि किसी आडम्बरपूर्ण, अशोभन और पण्डिताऊ[3] प्रसंग का प्रवेश नहीं हो पाया। क्योंकि इस प्रकार के दोष किसी भव्य भवन में पड़ी दरार या छिद्रों के समान होते हैं। वे उदात्त विचारों के प्रभाव को उसी तरह पूर्णतः नष्ट कर देते हैं जैसे एक सुनिर्मित प्रासाद की समानुपाती संरचना भंग हो जाती है।

11

ऊपर जिन गुणों का वर्णन किया गया है, उन्हीं से निकट सम्बद्ध एक गुण है जिसे 'विस्तारणा' कहा जा सकता है। इस अलंकार का प्रयोग वहाँ समझना चाहिए जहाँ विषयवस्तु[4] और समस्याओं में अनुच्छेद-क्रम से[5] अनेक अथ और अनेक इतियाँ हों। और फिर एक के बाद एक उदात्त पदावली उत्तरोत्तर शक्ति से सम्पन्न हो। (2) सामान्य बातों के विकास,[6] अतिरंजना[7] अथवा घटनाओं और युक्तियों पर अतिरिक्त बल देने से ऐसा किया जा सकता है। या फिर तथ्यों और अनुभूतियों के सतर्क संचयन-संयोजन से ऐसा सम्भव हो सकता है। वास्तव में विस्तारणा के सहस्रों प्रकार सम्भव हैं। फिर भी वक्ता को यह पहचान होनी चाहिए कि औदात्य

1. danger/terror
2. प्रस्तुत संकेत दिमोस्थेनीस की रचना 'De Corona' के उस प्रसंग की ओर है जिसमें उसने इस समाचार से कि मकदूनिया के फ़िलिप ने ऐलातिआ को घेरकर उस पर कब्जा कर लिया है उत्पन्न होनेवाले भय का वर्णन किया है।
3. effected or undignified or pedantic/frivilous, mean, trivial
4. subject matter/narrative
5. issues from section to section/a course of forensic argument
6. development/rhetorical treatment
7. exaggeration/intensification

के बिना इन पद्धतियों में से कोई स्वतः सम्पूर्ण नहीं होती। यदि कहीं समवेदना या निन्दा का प्रभाव उत्पन्न करना हो तो ऐसी स्थिति अपवाद के अन्तर्गत आएगी किन्तु विस्तारणा के शेष सभी रूपों से उदात्त का अंश निकाल लेना वैसा ही है जैसे शरीर से आत्मा को हटा देना। क्योंकि उदात्त के शक्तिवर्धक प्रभाव के अभाव में वे तत्काल अपनी ऊर्जा खो बैठते हैं तथा निस्तेज और खोखले हो जाते हैं। (3) फिर भी स्पष्टता का तकाज़ा है कि मैं संक्षेप में अपने वर्तमान और पूर्वोक्त नियमों का अन्तर बताऊँ (मुख्य बातों का सीमा-निर्धारण करते हुए एक पूर्ण इकाई के रूप में उनका निबन्धन करूँ) तथा यह स्पष्ट करूँ कि औदात्य विस्तारणा के इन प्रभावों से किस रूप में भिन्न है।

12

पाठ्य-पुस्तकों[1] में की गई व्याख्याओं से मुझे सन्तोष नहीं होता। उनका कहना है कि विस्तारणा वह भाषा है जो विषय को भव्यता प्रदान करती है। किन्तु यह व्याख्या उदात्त, आवेगपूर्ण और आलंकारिक–तीनों शैलियों पर लागू की जा सकती है, क्योंकि इनके द्वारा भी भाषा को किसी न किसी रूप में भव्यता प्राप्त होती है। मेरे विचार से वे तीनों परस्पर भिन्न हैं। उदात्त का आधार उन्नयन होता है, जबकि विस्तारणा, परिमाण[2] में निहित रहती है; अतः औदात्य प्रायः एक ही विचार में मिल जाता है, जबकि विस्तारणा सदा परिमाण और वाग्विस्तार से युक्त रहती है। (2) मोटे तौर से कहा जा सकता है कि विस्तारणा विषय विशेष में निहित सभी प्रसंगों और पहलुओं को एकत्र करने के उपरान्त विस्तृत निरूपण के द्वारा युक्ति को बल देने में निहित रहती है। इस प्रकार वह उस प्रमाण से भिन्न है जो विवेच्य विषय को सिद्ध करता है।

[पाण्डुलिपि के दो पृष्ठ यहाँ लुप्त हैं।]

...(प्लेटो)[3] निश्चय ही अत्यन्त समृद्ध, समुद्र के सदृश, भव्यता का फैला हुआ सैलाब। (3) मुझे कहना चाहिए कि शैली की दृष्टि से वक्ता[4] के अधिक संवेगशील होने के कारण उसमें प्रचुर ऊष्मा और भावदीप्ति है। जबकि प्लेटो में,

1. text book/The writers of rhetorics
2. amount/multitiude of details
3. विस्तारणा का विवेचन करता हुआ लेखक सम्भवतः इसके प्रयोग में प्लेटो और देमोस्थेनीस की शैली की तुलना में प्रवृत्त हुआ होगा, क्योंकि लुप्तांश के उपरान्त प्रसंग प्लेटो की रचना का है।
4. दिमोस्थेनीस

जो अपनी राजसी और ऐश्वर्यशाली गरिमा में स्थिर, और भावशून्यता से बहुत दूर है, ऐसी आग नहीं कौंधती। (4) और मेरे मित्र तेरेन्तिआनुस, यदि हम यूनानियों को अपना मत रखने का अधिकार है तो मैं कहूँगा कि ठीक इसी रूप में सिसरो भव्य प्रभाव उत्पन्न करने में दिमोस्थेनीस से भिन्न है। दिमोस्थेनीस की शक्ति प्रायः परुष औदात्य में है और सिसरो की विस्तार में। हमारा यह देशवासी[1] उग्रता, गति, शक्ति, भाषण की आश्चर्यजनक क्षमता से मानो धधकता हुआ अपने सामने पड़नेवाली प्रत्येक वस्तु को छिन्न-भिन्न कर देता है। अतः उसकी तुलना बिजली की लपक या वज्रपात से की जा सकती है। सिसरो मुझे दूरप्रसारी ज्वालमाला के समान प्रतीत होता है जो सर्वग्राही और सर्वग्रासी रूप धारण कर लेता है; उसकी समर्थ और स्थिर ज्वालमालाएँ अपने चहुँमुखी विस्तार में कभी यहाँ और कभी वहाँ ईंधन से निरन्तर पुष्ट होती रहती हैं।

(5) तुम रोमन लोग, इस प्रश्न पर निश्चय ही बेहतर निर्णय कर सकते हो। परन्तु स्पष्ट ही दिमोस्थेनीस के औदात्य और ओजस्विता का स्रोत उसकी सघन और सशक्त संवेग राशि में निहित रहता है, और ऐसे प्रसंगों में व्यक्त होता है, जहाँ उनका लक्ष्य श्रोताओं को पूर्णतः अभिभूत करना रहता है, उसका (सिसरो का) बिखराब उन स्थलों में दिखाई पड़ता है जहाँ वक्तृता की बाढ़ में पाठकों को बहा ले जाने की आवश्यकता होती है। यह दूसरी प्रवृत्ति सामान्य प्रसंगों के वर्णन के लिए प्रलम्बित भाषण, विषयान्तर, सभी वर्णनात्मक और प्रदर्शनात्मक प्रसंगों, तथा इतिहास और प्राकृतिक विज्ञानों के साथ ही साहित्य के विविध अन्य रूपों के लिए अधिक उपयुक्त है।

13

जो हो, हम प्लेटो पर लौट आएँ तो देखेंगे कि अपनी निःशब्द वाग्धारा के बावजूद वह महान है। तुमने 'गणतन्त्र' को पढ़ा है और तुम प्लेटो की शैली से परिचित हो। उसका कहना है कि 'जिन्हें ज्ञान और सदाचार का अनुभव नहीं है, जो सदा प्रीतिभोजों और इसी प्रकार के अन्य समारोहों में उपस्थित रहते हैं, वे आपाततः पतनोन्मुख होते हैं और वहीं जीवन भर भटकते रहते हैं। वे कभी आँख उठाकर सत्य की ओर नहीं देखते, कभी ऊँचे नहीं उठते और कभी सच्चे और स्थायी आनन्द का आस्वाद नहीं करते। उनकी स्थिति पशुवत् होती है, नीचे झुके हुए जिनकी आँखें सदा पृथ्वी पर, अपनी चरागाह पर लगी रहती हैं। वे खाते-पीते हैं, मोटाते हैं और सन्तान पैदा करते हैं और इन सुखों की लालसा से लोहे के सींगों और खुरों से वे ठुकराते और धकियाते

1. countryman/orator

हुए अतृप्त लालसा के कारण एक-दूसरे को मार डालते हैं।'

(2) यदि हम देखने का कष्ट करें तो यह एक ऐसा लेखक है जो दिखाता है, कि जिन मार्गों का हमने उल्लेख किया, उनके अतिरिक्त औदात्य की ओर ले जाने वाला एक रास्ता और है। वह मार्ग क्या है और किस प्रकार का है? वह है अतीत के इतिहासकारों[1] और कवियों के स्पर्धायुक्त अनुकरण का। प्रिय मित्र, यही वह लक्ष्य है जिसके साथ हमें अपनी पूरी शक्ति के साथ चिपटे रहना चाहिए। बहुत से लोग दूसरों की प्रेरणा से स्वयं प्रेरित हो जाते हैं। जैसा कि पिथीआ की पुजारिन की कथा है। वह ज्यों ही उस तिपाई (वेदी) के पास पहुँचती है, जिसके बारे में कहा जाता है कि : 'धरती की एक दरार से अलौकिक भाप उठती है', वह अलौकिक शक्ति से सम्पृक्त हो जाती है और तत्काल भविष्यवाणी करने के लिए प्रेरित हो उठती है। इसी प्रकार प्राचीन लेखकों की नैसर्गिक प्रतिभा से उनके प्रशंसकों के हृदय में ऐसी धारा प्रबाहित होती है, मानों वह किसी सन्त के मुख से निःसृत हो रही हो। इससे प्रेरित होकर ऐसे व्यक्ति भी जो सरलता से दैवी शक्तियों से भी उत्प्रेरित नहीं होते दूसरों की महानता के उत्साह में हिस्सेदार हो जाते हैं। (3) क्या हिरोदोतुस अकेला ही 'होमर का सर्वोत्कृष्ट अनुयायी था?' नहीं, उससे भी पहले स्तेसीख़ोरुस और अर्ख़िलोखुस और इन सबसे अधिक प्लेटो जिसने होमर के महान स्रोत से सहस्रों धाराएँ लेकर अपनी शैली को अभिसंचित किया है। यदि अम्मोनिउस और उसके शिष्यों ने वर्गीकृत सामग्री चुनकर प्रस्तुत न कर दी होती तो हमें उदाहरण देकर इस बात को प्रमाणित करना होता। (4) इस प्रकार का ग्रहण चोरी नहीं है; यह बहुत कुछ ललित चरित्रों से प्रभाव-ग्रहण के समान है जैसे कि साँचे-ढली आकृतियों अथवा अन्य कलाकृतियों से प्रभाव ग्रहण किया जाता है। यदि प्लेटो ने पूरे मनोयोग से होमर से होड़ न ली होती, यदि उसने एक लब्धप्रतिष्ठ योद्धा से टक्कर लेनेवाले ऐसे प्रतिद्वन्द्वी के समान संघर्ष न किया होता जो कड़ी प्रतिस्पर्धा में अभीष्ट सिद्धि के लिए अपना बल्लम तक तोड़ डालता है, तो उसके दार्शनिक सिद्धान्तों में फूलों की यह बहार न होती और न उनमें होमर की-सी काव्यात्मक पदावली का सिंगार ही मिलता। क्योंकि जैसा हिसिओद का कहना है : 'मानव जाति के लिए यह संघर्ष शुभ है।' भव्य है वह विजय-मुकुट, और धन्य है वह यशः प्रयास, जिसमें अपने अग्रगामियों से पिछड़ जाना भी गौरवशून्य न हो।

14

हमें भी, किसी ऐसे प्रसंग पर विचार करते हुए जिसमें विचार और शैली का औदात्य

1. historians/writers

अपेक्षित हो, मन-ही-मन यह कल्पना करनी चाहिए कि : 'होमर ने इस बात को किस प्रकार कहा होता? प्लेटो या दिमोस्थेनीस ने अथवा इतिहासकार थूकिदीदिस ने इसे किस प्रकार उदात्त रूप दिया होता?' प्रतिस्पर्धा की भावना हमारी आँखों के सामने उन महापुरुषों को ला खड़ा करेगी, और मार्गदर्शक नक्षत्रों की तरह वे हमारे विचारों को पूर्णता की आदर्श स्थिति तक ले जाएँगे। (2) इससे भी उपयोगी प्रश्न यह होगा कि 'यदि होमर अथवा दिमोस्थेनीस में से कोई भी उपस्थित होता, तो उसने मेरे इस कथन को किस रूप में सुना होता? इसका उन पर कैसा प्रभाव पड़ता? यदि हम अपनी उक्तियों को सुनने के लिए इस प्रकार के निर्णायकों और दर्शकगण की कल्पना कर लें, और विश्वास कर लें कि हम अपने कृतित्व को ऐसे अतिमानवीय प्रेक्षक समुदाय और निर्णायकों के सामने जाँच पड़ताल के लिए पेश कर रहे हैं तो निश्चय ही यह हमारी अग्निपरीक्षा होगी। (3) यदि हम साथ ही यह प्रश्न भी जोड़ लें तो और भी प्रोत्साहन मिलेगा : 'यदि मैं यह लिखता तो आनेवाला युग इसे किस प्रकार ग्रहण करता?' पर यदि कोई व्यक्ति किसी ऐसी बात को कहने के विचार मात्र से घबराता हो जो उसके युग की सीमा का अतिक्रमण करे तो उस व्यक्ति की सभी धारणाएँ किसी ऐसे अंधे अर्धनिर्मित भ्रूण के समान होंगी जो मृत्यु के उपरान्त प्राप्त होनेवाली कीर्ति तक पहुँचने से पहले ही स्रवित हो जाता है।

15

मेरे मित्र, किसी रचना में गरिमा, भव्यता और शक्ति को उत्पन्न करने का श्रेय बहुत कुछ 'बिम्बों' के प्रयोग को भी है (इन्हें कुछ लोग वास्तविक मानस-चित्र भी कहते हैं)। सामान्यतः कल्पना[1] का प्रयोग किसी ऐसे विचार के लिए किया जाता है जो किसी भी स्रोत से मस्तिष्क में प्रवेश करके वाणी का स्फुरण करता है, पर अब इस शब्द का प्रयोग मुख्य रूप से ऐसे प्रसंगों के लिए किया जाने लगा है जहाँ सबल संवेग की प्रेरणा से हमें लगता है कि जिसका हम वर्णन कर रहे हैं उसे साक्षात् देख भी रहे हैं। और उसे अपने श्रोताओं की आँखों के सामने भी प्रत्यक्ष कर रहे हैं। (2) तुम स्वयं पता लगा लोगे कि कल्पना का भाषण में एक अर्थ है और कविता में दूसरा। जहाँ कविता[2] का उद्देश्य सम्मोहित[3] करना है, वहाँ गद्य का उद्देश्य वस्तुओं को सजीव वर्णन के द्वारा प्रत्यक्ष करना। किन्तु

1. imagination/image or imagination
2. poetry/poetic image
3. मूल ग्रीक में आए पद का अर्थ है किसी को चौंकाकर विस्मय-विमूढ़ कर देना—एक प्रकार के संवेगात्मक भ्रम की स्थिति।

निश्चय ही प्रत्यक्षीकरण और भावोत्तेजन, दोनों का लक्ष्य है :

माता, मैं विनती करता हूँ, छोड़ न मुझ पर
मौन, रक्तमय चरणोंवाली ये नागिनियाँ
देखो, देखो, वे आईं, वे झपटीं मुझ पर

और :

ओह, मार डालेगी मुझको, कहाँ बचूँ मैं?

इन अवतरणों में कवि सर्पकुन्तला देवियों को साक्षात् अपनी आँखों के सामने देख रहा है और वह अपने प्रेक्षकों को अपने इस कल्पना-चित्र को देखने के लिए लगभग बाध्य कर रहा है। (3) एरीपीदिस प्रेम और पागलपन, इन दो संवेगों को त्रासद रूप में प्रस्तुत करने के लिए विशेष प्रयत्नशील रहता है और इन संवेगों की अभिव्यक्ति में उसे अन्य संवेगों की अपेक्षा सफलता भी अधिक मिली है। इसका आशय यह नहीं है कि कल्पना के अन्य रूपों पर हाथ आजमाने का साहस उसमें नहीं है। यद्यपि उसकी प्रतिभा की प्रकृति उदात्त नहीं है फिर भी वह अनेक प्रसंगों में और निरपवाद रूप से अपने भव्य वर्णनों में प्रतिभा को बलात् त्रासदीय ऊँचाई तक पहुँचा देता है। जैसा कि कवि स्वयं कहता है :

कभी पसलियों पर तो पुट्ठों पर कभी
अगल-बगल से तान पूँछ फटकारता
प्रेरित करता है वह अपने आपको
रण में जाकर धूम मचाने के लिए

(4) उदाहरण के लिए फ़ाएथोन के हाथ में घोड़े की रास देते हुए हेलिओस (सूर्य) कहता है :

हाँक न देना अपना रथ उस लिबिया के आकाश में
भीषण उसकी वायु तुहिन की शीतलता से शून्य है
उसका ताप जलाकर पिघला देगा तेरे चक्र भी!

और इसके बाद फिर :

'बढ़ जा, बढ़ जा बस तू सप्त कृत्तिकाओं की राह पर'
इतना सुनना था, किशोर ने तत्क्षण रासें थाम लीं
और पंखधारी अश्वों के पुट्ठों को फटकार कर
किया अग्रसर उन्हें उड़ाकर मेघलोक की तटी में

पीछे-पीछे पिता सूर्य भी लुब्धक पर आरूढ़ हो
सिखा रहे थे रथ-संचालन बता-बताकर बीच में
'इधर, हाँ इधर चल, बस अब हाँ, उधर मोड़, रथ मोड़ ले!'

क्या तुम नहीं कहोगे कि लेखक की भावनाएँ रथ पर चढ़ी हुई, उन उड़न-घोड़ों की जोखिम भरी दौड़ की साझीदार हो गई हैं? यदि उसने इन दिव्य क्रियाओं में कन्धे से कन्धा लगाकर दौड़ न लगाई होती तो वह कभी ऐसी कल्पना नहीं कर पाता। यही बात कस्सान्द्रा की उक्ति के बारे में भी सच है, जिसका आरम्भ इस प्रकार होता है :

फिर त्रिअवासियों, ओ अश्वाहारी जन

(5) एस्खीलुस भी सच्चे वीरत्व व्यंजक ढंग के कल्पना-चित्र प्रस्तुत करने का साहस दिखलाता है। उदाहरण के लिए वह 'थीबे के विरुद्ध सात' के बारे में कहता है :

सात वीर अप्रतिहत सेनापतियों ने मिल
श्याम चर्म से मढ़ी ढाल पर एक वृषभ का
सिर उतारकर, रक्त-सने अपने हाथों से
भीषण शपथ उठाई है उन शोणित-प्रेमी
सर्वनाश, आतंक और युद्ध के देव की!

जहाँ वे सभी करुणा को छोड़कर साथ-साथ परस्पर मरने की कसम खाते हैं। यद्यपि कभी-कभी वह अनगढ़, अस्पष्ट और अपरिष्कृत विचार प्रस्तुत करता है, तथापि एरीपीदिस की स्पर्धा उसे उसी जोखिम भरे मार्ग की ओर ले जाती है। (6) एस्खीलुस दिओनीसिउस के आगमन के अवसर पर लिकुर्गुस के प्रेतबाधा ग्रस्त महल के लिए विचित्र शब्दावली का प्रयोग करता है :

उमग रहा है भवन, छतें उन्मत्त झूमतीं

एरीपीदिस ने इसी विचार को अधिक कोमल बनाते हुए कुछ भिन्न रूप में व्यक्त किया है :

गिरि का कण-कण उस विलास-पूजन में रत था

(7) सोफ़ोक्लीस ने ईदिपुस की मृत्यु का वर्णन भव्य कल्पना के सहारे किया है जिसमें विचित्र अपशकुनों के बीच वह स्वयं आकाश में अपने अन्तिम संस्कार का प्रबन्ध करता है। और इसी प्रकार यूनानियों की विदा के प्रसंग में अखिल्लेस

का वर्णन है, जब वह समुद्र यात्रा के लिए जहाज पर चढ़ते हुए व्यक्तियों के सामने अपनी समाधि के ऊपर प्रकट हो जाता है। यह ऐसा दृश्य है जिसका इतना विशद वर्णन सिमोनीदिस के अतिरिक्त सम्भवतः कोई और नहीं कर पाया। किन्तु उदाहरणों का कोई अन्त नहीं है। (8) जैसा कि मैंने कहा था कविता के इन उदाहरणों में अतिशयोक्ति की एक ऐसी रोमानी प्रवृत्ति दिखाई पड़ती है जो विश्वसनीयता की सीमाओं का अतिक्रमण कर गई है। जबकि भाषण कला में कल्पना का सर्वोत्तम प्रभाव सदा उसकी वास्तविकता और सत्य में होता है। किन्तु जब भाषण की बुनावट काव्यात्मक और रोमानी[1] होती है और हर प्रकार की असम्भाव्यताओं में भटक जाती है तो ऐसे अपवाद[2] विचित्र और अजनबी लगते हैं। उदाहरण के लिए हमारे प्रतिभाशाली आधुनिक वक्ताओं को त्रासदीकारों की ही भाँति सर्पकुन्तला देवियाँ दिखाई पड़ती हैं और ये महापुरुष इतना भी नहीं समझते कि ओरेस्तिस जब कहता है :

भाग, भाग—तू कोई अंधनियति है मेरी
मुझे घेर, डालना चाहती नरक-गर्त में

तो वह कल्पना केवल इसलिए करता है कि वह विक्षिप्त है। (9) प्रश्न यह है कि भाषण में कल्पना का क्या उपयोग हो सकता है? सामान्य रूप से कहा जा सकता है कि कल्पना का प्रयोग भाषणों में प्रचुर मात्रा में ऊर्जा और संवेग का समावेश करने के लिए किया जा सकता है; किन्तु जब इसका संयोग तर्कपूर्ण शैली से किया जाता है, तब वह न केवल श्रोताओं को कायल ही करता है बल्कि उनको निश्चित रूप से अपने वश में कर लेता है। दिमोस्थेनीस का उदाहरण लीजिए : 'कल्पना कीजिए कि इसी क्षण हमें न्यायालयों के सामने कोई चीख सुनाई पड़े और कोई हमें यह बतलाए कि 'जेल के दरवाजे तोड़ दिए गए और बन्दी भागे जा रहे हैं,' तो कोई भी व्यक्ति वह चाहे वृद्ध हो या तरुण, ऐसा लापरवाह न होगा कि दौड़कर यथाशक्ति सहायता न करे। पर यदि कोई आकर हमें वस्तुतः यह बतलाए कि यही वह व्यक्ति है जिसने उनकी निकल भागने में सहायता की है, तो उसको तुरन्त बिना सुनवाई के मौत के घाट उतार दिया जाएगा।' (10) इसी प्रकार अथेन्स की पराजय के बाद जब दासों को मुक्त कराने के कारण हीपेरिदिस पर दोषारोपण किया गया तब उसने कहा : 'इस विधान का निर्माण वक्ता ने नहीं बल्कि खैरोनिया के युद्ध ने किया है।'[3] यहाँ वक्ता ने अपना प्राविधिक

1. romantic/fabulous
2. exceptions/deviations
3. प्लूटार्क ने वर्णन किया है कि खैरोनिया में अथेन्स के विरुद्ध फ़िलिप की विजय (ई. पू. 338) के बाद दिमोस्थेनीस के समर्थक हीपेरिदिस ने आतंकित होकर →

तर्क अग्रसर करने के अतिरिक्त अपनी कल्पना का भी उपयोग किया है और परिणामतः उसकी कल्पना मात्र अनुनय की सीमा का अतिक्रमण कर गई है। (11) ऐसे सभी विषयों में प्रबलतर तत्त्व स्वभावतः हमारे कानों को आकर्षित करते हैं और इस प्रकार हमारा ध्यान तर्क-युक्ति से हटकर कल्पना के सम्मोहक प्रभाव की ओर खिंच जाता है, और शिल्पविधि[1] प्रतिभा के प्रभामण्डल में छिप जाती है। हम पर यह प्रभाव पर्याप्त स्वाभाविक ही है क्योंकि दो शक्तियों को अगल-बगल रखने पर प्रबलतर शक्ति सदा अन्यतर शक्ति के गुणों का समावेश कर लेती है।

(12) मन की उच्चता[2] या अनुकरण या कल्पना से उत्पन्न विचारगत औदात्य के विषय में इतना विवेचन पर्याप्त होगा।

16

इसके बाद विचारणीय है अलंकारों का प्रश्न। जैसा मैंने पहले कहा था, यदि उनका उचित रीति से प्रयोग किया जाए तो ये उदात्त की सिद्धि में महत्त्वपूर्ण साधन हो सकते हैं। किन्तु इस समय उनका ब्यौरेवार विवेचन एक लम्बा और यहाँ तक कि कभी खतम न होने वाला कार्य हो जाएगा, इसलिए अपनी स्थापना को पुष्ट करने के लिए हम केवल उन गिने-चुने अलंकारों पर सरसरी नज़र डालेंगे, जो (शब्दावली) के उदात्त में सहायक होते हैं। (2) चर्चा का आरम्भ दिमोस्थेनीस के इस उद्धरण से किया जा सकता है जिसमें वह अपनी नीति के समर्थन में एक युक्ति प्रस्तुत कर रहा है।[3] उसके निरूपण की सहज पद्धति क्या होनी चाहिए थी? 'अथेंस-निवासियो, ग्रीस के स्वतन्त्रता-संग्राम का दायित्व उठाने में आपने कोई भूल नहीं की। इसका प्रमाण आपके घर ही में मौजूद था, क्योंकि न तो मरथोन के योद्धा और न ही सलामिस अथवा प्लातेए के योद्धा किसी भ्रम में थे।' परन्तु आकस्मिक प्रेरणा के एक क्षण में, मानो दैवी प्रेरणा से आविष्ट होकर यूनानियों के श्रेष्ठ वीरों के बारे में वह अपनी महान शपथ लेता है। 'यह असम्भव है कि

→ एक ग़ैरकानूनी प्रस्ताव पेश किया। परिणामस्वरूप जब उस पर अभियोग लगाया गया, तो उसने कहा कि 'मकदून के शस्त्रों ने मेरी दृष्टि को धुँधला दिया था। यह प्रस्ताव मैंने नहीं खैरोनिया के युद्ध ने किया था।'

1. technique/argument
2. nobility of mind/greatness of soul
3. दिमोस्थेनीस एस्खिनिस के विरुद्ध अपनी आक्रामक नीति का समर्थन कर रहा है जिसके कारण खैरोनिया के युद्ध में भयंकर पराजय का मुँह देखना पड़ा था। उसका कहना है कि यह नीति अपनी असफलता के बावजूद सर्वथा निर्दोष थी।

आपने कोई भूल की; ऐसा नहीं हो सकता, मैं उन लोगों की शपथ लेकर कहता हूँ जिन्होंने मरथोन में संकट का सामना किया था।' तब ऐसा लगता है कि एक ही शपथोक्ति अलंकार के प्रयोग के द्वारा—जिसे यहाँ मैं सम्बोधन कहता हूँ—उसने यह संकेत करके, कि व्यक्ति को ऐसी मौत मरने वाले व्यक्तियों की शपथ लेनी चाहिए जैसे वे देवपुरुष हों, अपने पूर्वजों को देवत्व प्रदान किया है। वह अपने निर्णायकों[1] में उन्हीं वीरों की चेतना भर देता है जिन्होंने रण-स्थल में वह संकट झेला था। उसने अपनी युक्ति में विश्वास की वह शक्ति भर दी जो इस प्रकार की अद्‌भुत और आश्चर्यजनक शपथ में निहित रहती है और इस प्रकार उसने उस युक्ति को अलौकिक औदात्य और संवेग के अवतरण में रूपान्तरित कर दिया। साथ ही उसके शब्द श्रोताओं के लिए उपचार और उपशमन दोनों का कार्य करते हैं। परिणाम यह होता है कि उसकी प्रशस्ति के द्वारा उन्मुक्त होकर वे फिलिप के साथ युद्ध में उतने ही गर्व की अनुभूति करते हैं जितनी मरथोन और सलामिस में विजय की। इस पूरे प्रसंग में अलंकार के प्रयोग से वह अपने श्रोताओं को अपने साथ बहा ले जाता है। (3) निश्चय ही यह कहा जाता है कि उसे इस शपथ के बीज एफ़्पोलिस की रचना में मिले थे :

मरथोन-युद्ध की जय की है सौगन्ध मुझे
जो मुझे सतायेगा वह चैन न पायेगा

किन्तु केवल शपथ लेना मात्र औदात्य नहीं है, उसके लिए हमें स्थान, ढंग, परिस्थिति और प्रयोजन सबको ध्यान में रखना चाहिए। एफ़्पोलिस के उद्धरण में शपथ के अतिरिक्त और कुछ नहीं, और वह भी ऐसे समय में अथेंसवासियों के प्रति सम्बोधित है जब वे समृद्ध थे और उन्हें किसी प्रकार के प्रोत्साहन की अपेक्षा न थी। इसके अतिरिक्त कवि की शपथ ने मनुष्यों को ऐसी अमरता प्रदान नहीं की जिससे श्रोताओं के मन में उनके शौर्य की कोई सच्ची धारणा बन सके, बल्कि इसके बजाय संकट झेलनेवाले व्यक्तियों से वह युद्ध जैसी निर्जीव वस्तु की ओर भटक गया। दिमोस्थेनीस ने सावधानी से शपथ को पराजित व्यक्तियों की भावनाओं के अनुकूल रूप दिया है, जिससे अथेन्स की जनता खैरोनिया के युद्ध को विनाश न समझे। और जैसा मैं पहले कह चुका हूँ, यह इस बात का भी प्रमाण है कि इस उदाहरण में एक साथ ही शपथ, प्रशस्ति और प्रोत्साहन को उपस्थित करके कोई भूल नहीं की गई। (4) वक्ता को इस आपत्ति का सामना करना पड़ा : 'आप बात तो करते हैं अपनी नीति के कारण हुई पराजय की और फिर शपथ खाते जाते हैं विजयों की।' अतः उत्तर-कथा में अपने मन में इस सीख को बिठाए हुए कि : 'आवेग के बवण्डर में संयम अवश्य बनाए रखना चाहिए' वह बड़ी सावधानी

1. judges/hearers

से प्रत्येक शब्द को तोलता हुआ आगे बढ़ता है। वह कहता है : 'जो लोग मरथोन में संकट झेल रहे थे, और जो सलामिस और अर्तेमिस्युम के समुद्र में लड़े थे, और जिन्होंने प्लातेए में फ़ारसवासियों का सामना किया था,' वह कभी नहीं कहता कि 'जिन्होंने विजय प्राप्त की थी।' आद्यन्त वह चतुराई से परिणाम के उल्लेख को बचा जाता है, क्योंकि वह तो शुभ था, और खैरोनिया में जो कुछ हुआ था, उसके विपरीत था। अतः इससे पहले कि उसके श्रोता आपत्ति करें वह अविलम्ब ही जोड़ देता है : 'एस्खिनिस, केवल सफल व्यक्तियों को ही नहीं बल्कि सभी को देश की ओर से सार्वजनिक अन्त्येष्टि का गौरव दिया गया।'

17

प्रिय मित्र, इस विषय पर विचार करते हुए, मुझे अपने दृष्टिकोण को प्रस्तुत करने का अवसर नहीं छोड़ना चाहिए हालाँकि मैं उसे अत्यन्त संक्षेप में प्रस्तुत करूँगा। अलंकार, स्वभावतः उदात्त के सहायक होते हैं और इस सहायता के बदले में वे स्वयं भी उससे अद्भुत बल प्राप्त करते हैं। कहाँ और कैसे? मैं तुम्हें बतलाता हूँ। अलंकारों के बेजा[1] प्रयोग के साथ एक अनिवार्य सन्देह जुड़ा रहता है। उससे एक प्रकार के षड्यन्त्र, धोखे या हेत्वाभास का संकेत मिलता है। विशेषकर ऐसी स्थिति में जब यह कथन पूर्णाधिकार-प्राप्त किसी न्यायाधीश को, या उससे भी आगे किसी तानाशाह, किसी राजा अथवा उच्च पदस्थ शासक को सम्बोधित हो। यदि ऐसे व्यक्ति के साथ एक सरल शिशु के समान व्यवहार किया जाए या उसे किसी वाक्पटु वक्ता की अलंकृत वाणी से मात दी जाए तो वह तत्काल रुष्ट हो जाएगा। ऐसे हेत्वाभास को व्यक्तिगत अपमान समझकर, वह कभी-कभी पूरी तरह बर्बर हो सकता है। और यदि वह अपनी भावनाओं को संयत भी कर ले तब भी वह भाषण की तर्कशीलता के पूर्णतः विरुद्ध हो जाता है। इसीलिए अलंकार सर्वाधिक प्रभावशाली तब होता है जब इस बात पर ध्यान ही न जाए कि वह अलंकार है। (2) इसीलिए अलंकारों के प्रयोग के प्रति जो सन्देह उत्पन्न होता है, उसके विरुद्ध औदात्य और संवेगों पर पड़नेवाला प्रभाव अद्भुत रूप से सहायक और प्रतिकारक है। सौन्दर्य और भव्यता के दीप्त विन्यास में कला-चातुरी किसी-न-किसी प्रकार छिप जाती है। प्रकट न रहकर वह सभी सन्देहों से बची रहती है। ऊपर उद्धृत उद्धरण इसका पर्याप्त प्रमाण है : 'मरथोन के योद्धाओं की सौगन्ध' यहाँ वक्ता ने किस प्रकार अलंकार को छिपाया है! स्पष्ट ही अत्यधिक दीप्ति के कारण। जैसे

---

1. unconscionable/cunning

सूर्य के प्रखर आलोक में आसपास के मन्द प्रकाश छिप जाते हैं, उसी प्रकार भव्यता के सर्वव्यापी प्रभाव में आलंकारिक युक्तियाँ धुँधला जाती हैं। (3) कुछ इसी प्रकार की बात चित्रकला के सन्दर्भ में भी दिखाई पड़ती है। यद्यपि एक ही सतह पर प्रखर प्रकाश और छाया के रंग साथ-साथ अंकित रहते हैं, तथापि दृष्टि पहले प्रकाश पर पड़ती है और वह न केवल उभरता है, बल्कि वास्तव में निकटतर दिखाई पड़ता है। यही बात साहित्य के सम्बन्ध में भी सही है। जो उदात्त और हृदयस्पर्शी होता है वही हृदय के अधिक निकट होता है, और इस प्रकार कुछ सहज सम्बन्ध के कारण और कुछ प्रभाव की प्रभा के कारण वह अलंकारों की अपेक्षा कहीं जल्दी ध्यान खींच लेता है। इस प्रकार अलंकारों के कौशल को वह छाया में फेंक देता है और उसे गोया एक पैमाने में छिपा देता है।

18

अब हमें अपने अगले विषय प्रश्नोत्तर अलंकारों के बारे में क्या कहना है? क्या यह सत्य नहीं है कि दिमोस्थेनीस की भाषा में जो अत्यधिक ऊर्जा और प्रवाह है उसका कारण कल्पना को उद्बुद्ध करनेवाले[1] अलंकारों में है : 'मेरे मित्र मुझे बताइये, क्या आप चारों ओर एक-दूसरे से यह पूछते हुए भटकना चाहते हैं कि 'क्या कोई नई खबर है?' क्योंकि इससे अधिक आश्चर्यजनक खबर क्या हो सकती है कि 'एक मकदूनियावासी ग्रीस को पराजित कर रहा है।' 'क्या फ़िलिप मर गया?' 'नहीं वह मरा नहीं, पर बीमार है। पर इससे आपको क्या फर्क पड़ता है? उसे चाहे जो हो, आप तो तुरन्त अपने लिए एक दूसरा फिलिप बनाकर खड़ा कर लेंगे।' आगे वह कहता है : 'हमें मकदूनिया की ओर चल देना चाहिए। कोई मुझसे पूछता है 'हम आखिर किस स्थल पर जाकर जहाज़ से उतरेंगे?' यह प्रश्न क्यों? युद्ध के दौरान फ़िलिप के दुर्बल स्थलों का उद्घाटन स्वयं ही हो जाएगा।' यहाँ एक सादा कथन एकदम नाकाफ़ी होता। किन्तु इस रूप में उत्तेजना, प्रश्नोत्तर का सत्वर क्रम, अपने ही शब्दों का इस प्रकार सामना करने का ढंग गोया वे किसी दूसरे के हों, सब मिलकर अलंकार के प्रयोग से सम्पूर्ण प्रसंग को न केवल उदात्त बल्कि अधिक विश्वसनीय बना देता है। (2) क्योंकि संवेग सदा ऐसी स्थिति में अधिक प्रभावशाली होता है जब वह वक्ता के द्वारा पूर्व-नियोजित प्रतीत न होकर स्थिति प्रसूत जान पड़े। इस प्रकार स्वयं प्रश्न उठाकर उत्तर देने से संवेग के स्वाभाविक विस्फोट का भ्रम पैदा होता है। जिन लोगों से जिरह की जाती है वे क्षणिक आवेश में सर्वथा निष्कपट और उत्तेजनापूर्ण उत्तर देते हैं; और इसी प्रकार प्रश्नोत्तर अलंकार

1. appeal to imagination/visualising qualities

श्रोताओं को इस भ्रम में डाल देता है कि प्रत्येक सुचिन्तित तर्क परिस्थिति के अनुरोध से मन में तत्काल उदित होकर शब्दों में प्रकट हो रहा है। इसके अलावा हिरोदोतुस का यह अवतरण हमेशा उदात्त के उत्कृष्ट उदाहरणों में गिना जाता है : 'यदि इस प्रकार...

[पाण्डुलिपि के दो पृष्ठ यहाँ लुप्त हैं।]

19

...शब्द योजक सूत्रों को तोड़ते हुए, एक प्रवाह में बह निकलते हैं और यह प्रवाह इतना तेज़ होता है कि वक्ता भी लगभग पीछे छूट जाता है। क्सेनोफ़ोन कहता है, 'अपनी ढालों को अड़ाकर वे आगे बढ़े, जूझे, शत्रुओं का वध किया, आहत होकर गिर गए।' (2) अब एक्रिलोखुस के शब्दों में देखिए :

आए हम, आदेश आपका शिरोधार्य कर
ओदिसेफ़्स फिर ओक-वृक्ष की अटवी में से
और तभी देखे हमने कानन में निर्मित
लोकालय वे, अपनी सुन्दरता में अद्भुत

ये वाक्यांश परस्पर असम्बद्ध होते हुए भी प्रवाहपूर्ण होने के कारण एक ऐसी उत्तेजना का प्रभाव छोड़ते हैं जो वाणी में यति के साथ ही गति को उत्पन्न करता है। कवि (होमर) ने यह प्रभाव संयोजक शब्दों के लोप से उत्पन्न किया है।

20

इनमें से एकाधिक अलंकारों की संसृष्टि का प्रभाव अत्यधिक हृदयस्पर्शी होता है। जब दो या तीन अलंकार सहकारी रूप में मिलते हैं तो मानों शक्ति, विश्वास[1] और सौन्दर्य की वृद्धि करते हैं। उदाहरण के लिए मीदिअस के विरुद्ध भाषण में असम्बद्ध वाक्यों में 'पुनरुक्ति' और 'सजीव वर्णन' अलंकार अन्तर्ग्रथित मिलेंगे। 'हमलावर अपने व्यवहार, अपनी दृष्टि, अपने स्वर सें अनेक प्रकार की क्षति पहुँचा सकता है, जिनमें से कुछेक को तो आक्रान्त व्यक्ति दूसरे को बता भी नहीं सकता।' (2) कथन को एक ही लीक पर चलने से रोकने के लिए वह तुरन्त पुनः असम्बद्ध पदावली और पुनरुक्ति का सम्बल लेता है। क्योंकि एकरसता मौन की व्यंजना

1. conviction/persuasiveness

करती है, जबकि संवेग आत्मा का प्रखर विक्षोभ होने के कारण अव्यवस्था की अपेक्षा रखता है : 'अपने व्यवहार से, दृष्टि से, स्वर से जब वह अपमानजनक गालियों से प्रहार करता है, जब वह शत्रु की तरह प्रहार करता है, जब वह घूँसे मारता है, जब वह आप पर एक दास की तरह प्रहार करता है।' यहाँ वक्ता बिल्कुल आक्रान्ता की तरह व्यवहार करता है, वह निर्णायकों के मन पर एक के बाद एक आघात करता चला जाता है। (3) वह फिर इस मौके पर एक और तूफानी हमला करने के लिए बढ़ता है। वह कहता है, 'जब यह प्रहार घूँसों से होता है, जब मुँह पर तमाचा पड़ता है, तो वह अपमान के अनभ्यस्त व्यक्ति को उत्तेजित कर देता है, पागल बना देता है। कोई भी वर्णन इस प्रभाव को संप्रेषित नहीं कर सकता।' इसलिए सारे समय वह अपनी पुनरुक्तियों और असम्बद्ध वाक्यों के सार तत्त्व को निरन्तर वैविध्य के माध्यम से बनाये रखता है, जिससे उसकी व्यवस्था अव्यवस्थित हो जाए पर साथ ही उसकी अव्यवस्था में भी व्यवस्था के कुछ तत्त्व अन्तर्निहित रहते हैं।

21

अब यदि चाहो तो इसोक्रैतिस और उसके सम्प्रदाय की शैली में तुम भी संयोजक पद जोड़ सकते हो : 'फिर भी किसी को इस बात की उपेक्षा भी नहीं करनी चाहिए, कि आक्रान्ता बहुत कुछ कर सकता है, पहले अपने व्यवहार से, फिर अपनी दृष्टि से, और फिर अपनी वाणी मात्र से।' यदि तुम इस प्रकार एक के बाद एक वाक्य की क्रमानुसार व्याख्या करो तो पाओगे कि संवेग की प्रखरता और अनगढ़ता को यदि संयोजक शब्दों के प्रयोग से मृदु और परिष्कृत बनाया जाए, तो वह प्रभावशून्य होकर तुरन्त अपनी प्रखरता और तेज खो बैठेगी। (2) जिस प्रकार दौड़नेवालों को एक साथ बाँध देने से तुम उन्हें उनकी तेज रफ़्तार से वंचित कर देते हो, उसी प्रकार संवेग भी संयोजक शब्दों तथा ऐसे अन्य अनुबन्धों से बंधित होना अस्वीकार करता है। वह अपने प्रभाव और वेग की स्वतन्त्रता उसी प्रकार खो देता है, जैसे गुलेल से छोड़ा हुआ बज्र।

22

इसी वर्ग में हमें 'विपर्यय' को रखना चाहिए। इस अलंकार का प्रयोग शब्दों और विचारों के सहज-क्रम के व्यतिक्रम में होता है और यह भी कहा जाता है कि इसके

ऊपर ही प्रबल संवेग की सच्ची छाप होती है। ठीक जिस प्रकार वस्तुतः क्रुद्ध, भयभीत या चिन्ताग्रस्त मनुष्य या ऐसे मनुष्य जो समय-समय पर ईर्ष्या या किसी अन्य भावना से (क्योंकि संवेग असंख्य और गणनातीत हैं) उत्तेजित होकर प्रायः पहले एक बात कहते हैं और फिर अनेक असंगत प्रक्षेपों के साथ दूसरीं ओर लपकते हैं, और फिर पुनः घूमकर अपनी आरम्भिक स्थिति पर लौट आते हैं। उत्तेजना के अनुरोध से वातचक्र के सामने पड़े हुए जहाज की भाँति वे अपने विचारों और शब्दों की दिशा बदलते रहते हैं, और उनके स्वाभाविक क्रम को असंख्य रूप देते रहते हैं। इसी प्रकार श्रेष्ठ गद्य-लेखक विपर्यय के प्रयोग के द्वारा प्रकृति का अनुकरण करते हैं और यही प्रभाव उत्पन्न करते हैं। क्योंकि कला तभी पूर्ण होती है जब वह प्रकृति के समान प्रतीत होती है और प्रकृति तभी सफल होती है जब वह अपने तईं कला को छिपा ले जाती है। उदाहरणार्थ हिरोदोतुस के द्वारा फ़ोकिआ के दिओनीसिउस के कथन को लीजिए : 'निश्चय ही हमारा भाग्य छुरे की धार पर टिका है, ओ इओनियावासियो! चाहे हम स्वतन्त्र मनुष्य हों, या दास वह भी भगोड़े दास। इसलिए अब, यदि तुम कष्ट सहन करने को राज़ी हो, तो इस समय तो तुम्हें परिश्रम करना होगा, किन्तु तुम अपने शत्रुओं पर विजय प्राप्त कर सकोगे।' (2) इस उक्ति का स्वाभाविक क्रम इस प्रकार था, 'ओ इओनियावासियो, यह तुम्हारे कष्ट सहन करने का समय है क्योंकि हमारा भाग्य छुरे की धार पर टिका है।' यहाँ उसने 'इओनियावासियों को स्थानान्तरित[1] कर दिया है, और तुरन्त अपने भय से आरम्भ कर दिया है। संकट इतना आसन्न था कि वह पहले श्रोताओं को सम्बोधित भी नहीं करता। इसके अतिरिक्त उसने विचार-क्रम में भी विपर्यय प्रस्तुत किया है। यह कहने से पहले कि उन्हें परिश्रम अवश्य करना है—क्योंकि यही उसके उपदेश का मुद्दा है—वह पहले यह कहकर कि 'हमारा भाग्य छुरे की धार पर टिका है'—उस कारण का वर्णन करता है जिसके लिए उनका परिश्रम करना अनिवार्य है। परिणाम यह होता है कि उसके शब्द पूर्व-विचारित प्रतीत न होकर बलात् निःसृत जान पड़ते हैं। (3) थूकिदीदिस ने और अधिक चतुराई का परिचय देते हुए विपर्यय का प्रयोग ऐसे विचारों को अलगाने के लिए किया है जो प्रकृत्या अभिन्न और अविभाज्य हैं। यद्यपि दिमोस्थेनीस थूकिदीदिस के समान आग्रही[2] नहीं है, पर वह इस प्रकार के प्रयोगों का सर्वाधिक लोभी है। वह विपर्यय का प्रयोग न केवल प्रखरता और यहाँ तक कि आशु-रचना का भी प्रभाव उत्पन्न करने के लिए करता है बल्कि श्रोताओं को अपने लम्बे-लम्बे विपर्ययों के खतरों में साझी बनाकर घसीट ले जाता है। (4) वह प्रायः उस आशय को जिसे अभिव्यक्त करना उसने आरम्भ किया था, अधर में लटकता छोड़ देता है, और इसी बीच खाली रंगमंच

1. transposed/postponed
2. wilful/masterful

पर एक के बाद एक परस्पर असम्बद्ध विचारों को विचित्र और असम्भाव्य-क्रम में उँड़ेलता जाता है। इस प्रकार वह श्रोताओं को वाक्य के इस पूर्ण विध्वंस से आतंकित करता हुआ, उन्हें उत्तेजना मात्र से वक्ता के संकट का हिस्सेदार होने के लिए विवश कर देता है। और तब अप्रत्याशित रूप से एक लम्बे अन्तराल के उपरान्त देर से खोया हुआ वाक्यांश समुचित परिसमाप्ति कर देता है। इस प्रकार वह अपने विपर्ययों की अन्धाधुन्ध साहसिकता से उन्हें और भी अधिक अभिभूत कर देता है। इस प्रयोग के और भी अनेक उदाहरण हैं, जिन्हें देने का लोभ संवरण कर रहा हूँ।

23

जैसा तुम जानते हो, संचयन, रूप-परिवर्तन, और सार प्रभृति अनेक व्याकरणिक रूपों के तथाकथित अलंकार, अलंकृति के तथा हर प्रकार के औदात्य और संवेगात्मकता के अत्यन्त प्रभावशाली साधन हैं। और यह भी ध्यान देने की बात है कि कारक, काल, पुरुष, वचन और लिंग में परिवर्तन से उनकी विवृति में कितना वैविध्य और सजीवता आ जाती है। (2) जहाँ तक वचन का प्रश्न है, केवल वही प्रयोग अलंकृत नहीं करते जहाँ एकवचन प्रयोग ध्यान देने पर बहुवचन को सूचित करते हैं। जैसे इन पंक्तियों में :

> और उसी क्षण अनगिनती जन फैल सिन्धु-तट पर सहसा,
> एक साथ मिल गरज उठे : 'लो थुन्यु-थुन्यु वह दीख रहा।'

परन्तु अधिक ध्यान देने योग्य बात यह है कि बहुवचन प्रयोग कानों पर गहरा असर डालते हैं और साथ ही बहुवचन प्रयोग से अभिव्यक्त संख्याधिक्य अपने आप में प्रभावशाली होता है। ईदिपुस के सम्बन्ध में सोफ़ोक्लीस की पंक्तियाँ ऐसी ही हैं :

> धिक् यह परिणय
> जिसने हमको जन्म दिया, फिर उसी बीज को
> किया दुबारा फलीभूत, यों सिद्ध कर दिया
> पिता, पुत्र, भाई—सबके सब एक रक्त हैं
> एक रक्त हैं माँएँ, बहुएँ और पत्नियाँ—
> उफ़ यह लज्जा, इससे बढ़कर क्या कोई भी
> कभी किया दुष्कृत्य कहीं भी किसी मनुज ने!

इन सबका संकेत एक व्यक्ति ईदिपुस की ओर है। अभिप्राय एक ओर ईदिपुस और दूसरी ओर योकास्ती से है। किन्तु बहुवचन में प्रयोग-विस्तार करने से दुर्भाग्यों को भी बहुवचन रूप देने में सहायता मिलती है। 'हुए अग्रसर एक्तुर और सरपेदोन भी' पंक्ति में भी गुणन का यही प्रभाव मिलता है, और अथेन्सवासियों के बारे में प्लेटो के उस अनुच्छेद में भी जिसे हम अन्यत्र उद्धृत कर चुके हैं : (4) 'क्योंकि न कोई पेलोप्स न कदमी, न कोई एग्यिप्ति, न दन्नइ और न जन्मजात बर्बरों का कोई और समूह हमारे घर में सहवासी है, हम विशुद्ध ग्रीक हैं, अर्धबर्बर नहीं', आदि-आदि। व्यक्तियों की जगह समूह का बोध कराने के लिये नामों के संग्रह से तथ्य स्वभावतः अधिक प्रभावशाली सुनाई पड़ते हैं। किन्तु इस युक्ति का प्रयोग ऐसे प्रसंगों में ही किया जाना चाहिए जहाँ विषय ओजस्विता, आडम्बर, अतिशयोक्ति और आवेग में से एक या एकाधिक की अपेक्षा रखता हो। प्रत्येक वाक्य में अलंकार की झंकार व्यर्थ का आडम्बर होगा।

24

कभी-कभी इसके विपरीत बहुवचन को एकवचन में बदलने से बड़ा उदात्त प्रभाव उत्पन्न होता है। दिमोस्थेनीस कहता है, 'इसके अतिरिक्त, सम्पूर्ण पेलोपोनिसुस विभाजित हो गया।' और जब फ्रीनीखुस ने 'मीलितुस की पराजय' नामक नाटक प्रस्तुत किया तो 'रंगशाला की आँखें बरस पड़ीं।' अलग-अलग व्यक्तियों के सन्दर्भ में संख्याओं को एकवचन में संक्षिप्त कर देने से एक पूरी इकाई का भाव अधिक भली प्रकार व्यक्त होता है। (2) इन दोनों उदाहरणों में अलंकृत प्रभाव का कारण एक ही है। जहाँ शब्द एकवचन हैं, वहाँ उनका बहुवचन प्रयोग अलक्षित संवेग की व्यंजना करता है, और जहाँ शब्द बहुवचन हैं वहाँ एकाधिक वस्तुओं के लिए श्रुतिसुखद एकवचन का प्रयोग—विपर्यय के कारण आश्चर्य का प्रभाव उत्पन्न करता है।

25

यदि आप-बीती बातों को इस प्रकार प्रस्तुत करें मानो वे वर्तमान में घट रही हों तो प्रसंग आख्यान न रहकर सजीव वास्तविकता का रूप धारण कर लेगा। क्सेनोफ़ोन कहता है, 'कीरुस के घोड़े के नीचे कोई गिर गया है, और घोड़े के पैरों के नीचे कुचले जाते हुए, वह अपने छुरे से उसके पेट पर वार कर रहा है। पिछले पैरों पर खड़ा होकर घोड़ा कीरुस को गिरा देता है।' थूकिदीदिस इस प्रकार के प्रयोग

औरों की ही भाँति प्रायः करता है।

26

इस प्रकार पुरुष का परिवर्तन भी एक अत्यन्त सजीव प्रभाव छोड़ता है, और श्रोताओं को प्रायः ऐसा महसूस कराता है जैसे वे स्वयं घने संकट के बीच पड़े हों :

आप कहेंगे : अथक और निर्भीक भाव से
दोनों योद्धा ऐसे टूट पड़े संगर में
गुत्थमगुत्था हुए परस्पर लड़ते-लड़ते

और फिर अरातुस की यह पंक्ति :

उस ऋतु में तुम उलझ न जाना कभी तरंगायित सागर से!

(2) हिरोदोतुस भी इस प्रकार के प्रयोग करता है : 'तुम एलिफ़न्तीनि शहर से ऊपर की ओर यात्रा करके एक समतल मैदान पर पहुँचोगे। और जब तुम इस जगह को पार कर चुकोगे तब तुम फिर एक दूसरे जहाज़ पर चढ़कर दो दिन तक समुद्री यात्रा करोगे। तब तुम एक बड़े शहर में पहुँचोगे, जिसका नाम मेरोए है।' तुमने देखा मित्र, कैसा वह तुम्हें अपने साथ उस प्रदेश में लिए जाता है और कानों सुनी को आँखों देखी में बदल देता है। इस प्रकार के सभी अनुच्छेद एक प्रत्यक्ष व्यक्तिगत सम्बोधन के द्वारा श्रोता को घटनाओं के मध्य प्रतिष्ठित कर देते हैं। (3) जब ऐसा लगे कि तुम पूरे दर्शक समुदाय को नहीं बल्कि एक व्यक्ति विशेष को सम्बोधित कर रहे हो :

जानोगे तुम कैसे किन्तु तिदेउस का सुत
किसके साथ लड़ रहा था उन वीरों में से!

तो यदि तुम व्यक्तिगत सम्बोधन के द्वारा श्रोता को उत्तेजित कर सको तो तुम उसे अधिक प्रभावित कर सकोगे और वह अधिक एकाग्र होकर सक्रिय रुचि लेगा।

27

कभी-कभी एक लेखक, अपने किसी चरित्र विशेष का वर्णन करते हुए सहसा स्वयं उस चरित्र का स्थान ले लेता है। इस प्रकार का अलंकार आवेग के विस्फोट की

व्यंजना करता है :

> एक्तुर ने आवाज़ उठाकर दूर त्रिअजनों को ललकारा :
> रक्त-सिक्त यह लूटपाट सब यहीं छोड़कर झटपट लौटो
> अपने-अपने पोतों पर। जो मुझे पोत से दूर दिखेगा
> मेरे हाथों निश्चय उसकी मृत्यु बदी है।

यहाँ कवि ने आख्यान को अपना उचित कर्त्तव्य मानकर उसका भार अपने ऊपर ले लिया है, पर बीच में अचानक ही बिना कोई चेतावनी दिए वह क्रुद्ध विजेता को सहसा चुनौती देता है। इस स्थल पर इस कथन का समावेश कि 'एक्तुर ने ऐसा-ऐसा कहा,' सर्वथा निर्जीव होता। जिस रूप में यह वाक्य है उसमें वाक्य-रचना का परिवर्तन सहसा वक्ता के परिवर्तन का पूर्वाभास देता है। (2) अतः यह अलंकार ऐसे स्थलों पर उपयोगी होता है जब सहसा कोई संकटपूर्ण स्थिति लेखक को प्रतीक्षा का अवसर दिए बिना, उसे तत्काल एक चरित्र के स्थान पर दूसरे चरित्र को रखने के लिए बाध्य करती है। इसका एक उदाहरण ऐकाच में भी मिलता है : 'कीइक्स ने इसका बुरा माना और तुरन्त ही हीराक्लीस के तरुण वंशजों को चले जाने की आज्ञा दी : 'चूँकि मैं तुम्हारी सहायता नहीं कर सकता इसलिए अपनी बरबादी और मेरी पीड़ा को बचाने के लिए तुम किसी दूसरे देश को चले जाओ।' (3) दिमोस्थेनीस ने अरिस्तोगीतुन में किंचित् भिन्न ढंग से पुरुष सम्बन्धी परिवर्तन का प्रयोग संवेगों का त्वरित परिवर्तन दिखाने के लिए किया है। वह प्रश्न करता है, 'क्या तुममें से कोई भी इस निर्लज्ज धूर्त के अत्याचार से क्रुद्ध होता दिखाई नहीं पड़ेगा; जो...ओ दुष्टों में सर्वाधिक अभिशप्त तुम, जिसकी वाणी पर कोई प्रतिबन्ध नहीं है, कोई ऐसी अर्गला नहीं है, जिसे खोला जा सके...' (3) अपने आशय को अधूरा छोड़कर उसने सहसा परिवर्तन कर दिया और अपने रोष में एक ही वाक्य दो पुरुषों में बाँट दिया, 'जो...ओ तुम सर्वाधिक अभिशप्त'...और इस प्रकार अपने कथन को अरिस्तोगीतुन की ओर घुमाकर ऐसा आभास देते हुए कि वह निर्णायकों से विमुख हो गया है, उसने भावावेग के द्वारा उन्हीं से कहीं अधिक प्रत्यक्ष रूप में अपील की है। (4) पिनलोपी भी यही करता है :

> दूत, यहाँ क्यों भेजा है उन प्रार्थियों ने यों तुमको
> क्या उस ओदिसेफ़्स के गृह की सकल दासियों से यह कहने
> कि वे छोड़ सब काम-काज उनके स्वागत में भोज सजायें
> काश उन्होंने किया न होता मुझसे अपना प्रणय-निवेदन
> हुए न होते यों आकर एकत्र हमारे इन महलों में!

काश बने यह भोज आज का उनका अन्तिम भोज यहाँ पर
वे जो मिलकर चर जाते हैं सकल पदार्थ हमारे घर में!
मानों तुमने अपने घर पर बीते शैशव में पितरों से
सुनी न हो यह बात कभी भी : ओदिसेफ़्स वह कैसा जन था!

28

पर्यायोक्ति से उदात्त की सिद्धि में सहायता मिलती है, मेरा ख्याल है कि इस विषय में किसी को शंका न होगी। जिस प्रकार संगीत में विवादी और संवादी स्वरों के सहयोग से मुख्य राग का सौन्दर्य निखर आता है, उसी प्रकार पर्यायोक्ति वाच्यार्थ से संयुक्त होकर उसे गहनतर अर्थ से भर देती है विशेषकर ऐसी स्थिति में जबकि वह शब्दाडम्बरपूर्ण और विसंवादी न होकर सुखद और संवादी हो। (2) इसका एक ही उदाहरण पर्याप्त हैं जो प्लेटो के एक अन्त्येष्टि-भाषण के आरम्भ में मिलता है; 'हमने उनका प्राप्य पुरस्कार उन्हें पहले ही कार्यों के माध्यम से दे दिया है, और उसी को पाकर अब वे अपने निर्दिष्ट पथ पर सार्वजनिक रूप से देश के द्वारा और व्यक्ति रूप से अपने-अपने सम्बन्धियों के द्वारा अनुरक्षित होकर बढ़ रहे हैं।' यहाँ वह मृत्यु को एक 'निर्दिष्ट पथ' कहता है और परम्परागत संस्कारों को 'देश के द्वारा सार्वजनिक अनुरक्षा' ध्यान देने की बात है कि इससे विचार में कितनी गरिमा आ गई है; कैसे उसने एक अभिधात्मक कथन को लिया और फिर उसे पर्यायोक्ति की रागपूर्ण संगतियों से आवृत कर संगीतमय बना दिया है। (3) क्सेनोफ़ोन कहता है : 'आप श्रम को सुखी जीवन का मार्गदर्शक मानते हैं। आपने अपने हृदय में सबसे उत्तम और सर्वथा वीरोचित निधि को स्थान दिया है। क्योंकि कोई दूसरी वस्तु आपको इतना प्रसन्न नहीं करती, जितनी प्रशंसा।' यहाँ 'आप कठिन श्रम करने को तैयार हैं', कहने के बजाय 'आप श्रम को सुखी जीवन का मार्गदर्शक मानते हैं' कहकर, और इस प्रकार शेष वाक्य का विस्तार कर, उसने अपनी प्रशस्ति में एक ललित[1] विचार का समावेश किया है। (4) इसी प्रकार हिरोदोतुस का वह अप्रतिम वाक्य है : 'जिन स्किथियावासी लोगों ने मन्दिर का ध्वंस किया था, उन्हें देवी ने शाप देकर पुंसत्वहीन कर दिया।'

29

किन्तु यदि पर्यायोक्ति का प्रयोग अपेक्षित अनुपात के विचार से नहीं किया जाय

1. fine/lofty

तो यह अन्य अलंकारों की अपेक्षा कहीं अधिक खतरनाक है। तनिक सी असावधानी से वह प्रभावहीन हो जाती है और उससे क्षुद्रता और मन्दबुद्धि[1] की गंध आने लगती है। इसलिए आलोचकों ने प्लेटो की भी खिल्ली उड़ाई है, जो अलंकारों के प्रयोग में, यहाँ तक कि कभी-कभी बेमौके प्रयोग करने में भी अत्यन्त निपुण है। 'विधि-संहिता' में उसने कहा है कि 'हमें न सोने के और न चाँदी के कोश को नगर में बसाकर अपना घर बनाने देना चाहिए।' आलोचकों का कहना है कि यदि यह कहकर वह लोगों को भेड़ें रखने से रोक रहा था तो उसे स्पष्ट रूप से 'मेषधन' और 'गोधन' कहना चाहिए था। (2) परन्तु, प्रिय तेरेन्तिआनुस, उदात्त के तत्त्वों के रूप में अलंकारों के प्रयोग सम्बन्धी हमारे विवेचन में पर्याप्त विषयान्तर हो चुका। हमारा निष्कर्ष यह है कि वे सभी शैली को संवेग और उत्तेजना प्रदान करते हैं। परन्तु संवेग का औदात्य के तत्त्वों में उतना ही स्थान है, जितना किसी सुखद रचना में चरित्र-चित्रण का होता है।

30

क्योंकि किसी रचना में विचार और पद-रचना परस्पर निर्भर रहती हैं, इसलिए अब हमें इस बात पर विचार करना चाहिए कि शैली के कोई तत्त्व ऐसे तो नहीं हैं जिनका अभी तक स्पर्श नहीं किया गया। जो लोग इस बात को जानते हैं, उन्हें विस्तारपूर्वक यह बताना सम्भवतः व्यर्थ ही है कि उपयुक्त और मनोहर शब्दावली के चयन का प्रभाव श्रोताओं पर कितने अद्भुत रूप से मर्मस्पर्शी और सम्मोहक होता है, और कैसे सभी वक्ता और इतिहासकार ऐसी शैली को अपना चरम लक्ष्य मानते हैं। इसी के द्वारा शैली में कांस्य मूर्तियों की बाह्य चमक के समान तत्काल भव्यता, सौन्दर्य, एक क्लासिकी स्पर्श, गरिमा, शक्ति, सामर्थ्य और एक प्रकार का दीप्त सम्मोहन आ जाता है, और वह तथ्यों में सजीव स्वर भर देती है। निश्चय ही सुन्दर शब्द विचारों का साक्षात आलोक है। (2) किन्तु उनका वैभव सामान्य प्रयोग के लिए नहीं है क्योंकि तुच्छ विषयों का महान और राजसी शब्दावली से निबन्धन एक अबोध शिशु के मुख पर एक बड़े आकार वाला त्रासद मुखौटा लगा देने के समान है। किन्तु काव्य और इतिहास में...

[यहाँ पाण्डुलिपि के 4 पृष्ठ लुप्त हैं।]

1. slow wits/swelling amplitude

31

...बहुत अधिक प्रबोधक और विशिष्ट है; यही बात अनाक्रेओन की इस पंक्ति के बारे में सत्य है : 'अब मैं थ्रकिफ़्स की घोड़ी की परवाह नहीं करता।' इसी प्रकार थिओपोम्पुस की यह उक्ति अपेक्षाकृत कम प्रशंसनीय होने पर भी मुझे उसमें अन्तर्निहित सादृश्य के कारण अत्यधिक अभिव्यंजक प्रतीत होती है। यद्यपि किसी कारण से कैकिलिउस ने उसे सदोष माना है। पोम्पुस कहता है : 'फिलिप में बातों को पचा लेने की अद्‌भुत शक्ति थी।' इस प्रकार की ग्राम्य उक्ति कभी-कभी सुरुचिपूर्ण भाषा की अपेक्षा कहीं अधिक प्रभावशाली होती है क्योंकि साधारण जीवन से गृहीत होने के कारण वह तुरन्त पहचान में आ जाती है, और जो जाना-पहचाना होता है वह विश्वसनीयता के अधिक निकट भी होता है। इसलिए 'पेट में पचा जाना' का प्रयोग जब ऐसे व्यक्ति के लिए किया जाता है जिसे अपनी लोभपूर्ण महत्त्वाकांक्षा के कारण लज्जास्पद और घृणित बातों को धैर्यपूर्वक सहने में प्रसन्नता होती है तो यह अत्यन्त सचित्र प्रतीत होता है। (2) यही बात हिरोदोतुस के इन वाक्यों के बारे में सही है। वह कहता है : 'पागलपन में क्लिओमेनिस एक छुरे से अपने ही शरीर को बोटी-बोटी करने लगा, वह तब तक ऐसा करता रहा, जब तक वह टुकड़े-टुकड़े होकर मर नहीं गया और पीथिफ़्स जहाज़ पर तब तक लड़ता रहा जब तक उसके टुकड़े नहीं कर दिए गए।' ये वाक्य ग्राम्यता के खतरे के निकट पहुँचकर भी ग्राम्य नहीं होते क्योंकि वे इतने अभिव्यंजक हैं।

32

जहाँ तक रूपकों के प्रयोग में उचित मात्रा का प्रश्न है, कैकिलिउस उन लोगों के मत का समर्थक जान पड़ता है जो कहते हैं कि दो या अधिक से अधिक तीन रूपकों का प्रयोग एक साथ होना चाहिए। निश्चय ही इस प्रसंग में भी दिमोस्थेनीस आदर्श है। अब प्रश्न यह है कि रूपकों के प्रयोग के लिए अवसर का निर्णय कैसे होगा? रूपक के प्रयोग का उचित अवसर वह होता है जब संवेग में बाढ़ का-सा बहाव होता है और उसके साथ विपुल रूपक अनिवार्यतः बहे चले आते हैं। (2) वह कहता है कि, 'वे लोग जो पापिष्ठ और चाटुकार हैं, जिनमें से प्रत्येक ने अपने देश को छलपूर्वक खण्डित किया है और जिन्होंने अपनी स्वाधीनता को पहले फ़िलिप के हाथ और अब सिकन्दर के हाथ एक प्याली शराब में बेच दिया है। जो अपने सुख को, अपनी उदरपूर्ति और निकृष्टतम लालसाओं से मापते हैं, और जिन्होंने निरंकुशता से उस मुक्ति और स्वतन्त्रता को खण्डहरों में बिखरा दिया

है जो पुराकाल के ग्रीकवासियों के लिए सभी अच्छाइयों का मापदण्ड और आदर्श थी।' यहाँ देशद्रोहियों के प्रति वक्ता का आक्रोश है जिसने रूपकों की राशि पर परदा डाल दिया है। (3) इसी भाव से अरस्तू और थिओफ्रास्तुस ने कहा है कि 'मानो' या 'जैसा' या 'यदि ऐसा कहा जाय तो' या 'यदि ऐसा कहने का ख़तरा मोल लिया जाय तो' आदि वाक्यांशों से प्रायः साहसपूर्ण रूपक मृदु हो जाते हैं। उनका कहना है कि क्षमायाचना से भाषा का औद्धत्य कुछ मन्द हो जाता है। (4) मैं इस बात को मानता हूँ, परन्तु साथ ही जैसा मैंने 'अलंकारों' की चर्चा करते हुए कहा था, साहसपूर्ण रूपकों की राशि का उचित प्रतिकार प्रबल और समयोचित संवेग और वास्तविक औदात्य ही है। क्योंकि ये अपनी प्रकृति के अनुकूल अपने तरंगित प्रवाह में हर चीज़ को अपने साथ बहा ले जाते हैं। बल्कि वे अपने प्रभाव के लिए अनिवार्यतः साहसपूर्ण बिम्ब-विधान की अपेक्षा रखते हैं, और अपने श्रोता को रूपकों की संख्या की ओर ध्यान देने का मौका ही नहीं देते, क्योंकि वह वक्ता की उत्तेजना का हिस्सेदार होता है।

(5) इसके अतिरिक्त सामान्य विषय के चित्रण में और वर्णन से जितना प्रभाव रूपक-शृंखला का पड़ता है, उतना किसी और चीज़ का नहीं। इसीलिए क्सेनोफ़ोन में मानव-शरीर की संरचना का इतना भव्य चित्रण किया गया है और उससे अधिक दिव्य रूप में प्लेटो में। वह सिर को शरीर का दुर्ग कहता है, सिर और वक्ष के बीच गर्दन एक सन्धिस्थल के समान निर्मित है, और उसके नीचे मेरुदण्ड धुरी की भाँति स्थापित है; सुख मनुष्य के लिए पाप का प्रलोभन है, और जिह्वा उस स्वाद की कसौटी है। हृदय नाड़ियों की ग्रन्थि है और वह स्रोत है जहाँ से रक्त वेग से चक्कर काटता है, और यह हृदय शरीर के रक्षागृह में स्थित है। शरीर के रक्त-पथों को वह वीथियाँ कहता है, और 'खतरे की आशंका से या क्रोध का उदय होने पर (क्योंकि ऐसा अत्यन्त उत्तप्त होने के कारण होता है) हृदय की धड़कन के लिए देवताओं ने फेफड़े की स्थापना करके हृदय के लिए एक सहारा खोज निकाला है। ये फेफड़े एक प्रकार के प्रतिरोधक हैं, कोमल और रक्तहीन और भीतर छिद्रों से भरे हुए, ताकि जब हृदय में आक्रोश उबलने लगे तो वह एक कोमल सतह से टकराए और उसकी क्षति न हो।' अभिलाषाओं के निवास की तुलना वह अन्तःपुर से करता है, और क्रोध के निवास की पुरुषों की बैठक से। तिल्ली उसके अनुसार अंतड़ियों का नेपकिन है, 'जहाँ से वह अतिरिक्त स्रावों से भर जाती है और इस प्रकार उसमें सूजन और दुर्गन्ध आ जाती है।' वह कहता चलता है, 'इसके बाद उन्होंने इस सम्पूर्ण शरीर की बाहरी संसार से रक्षा करने के लिए इसे नमदे की चादर जैसे मांस के आच्छादन से ढका।' रक्त को वह मांस का चारा कहता है, 'पोषण के लिए उन्होंने शरीर को सींचा, और एक उद्यान की भाँति उसमें काटकर नालियाँ बनाईं, और इस

प्रकार शरीर नाड़ियों से बने मार्गों से ऐसे भर गया कि नाड़ियों में प्रवाह अक्षय स्रोत के समान प्रवाहित होने लगा।' वह कहता है कि जब अन्त समय आता है तो आत्मा टेक से छूटे जहाज के समान मुक्त हो जाती है। (6) ये और ऐसे ही हज़ारों रूपक आद्यन्त मिलते हैं। जो उदाहरण हमने दिए हैं वे यह सिद्ध करने के लिए पर्याप्त हैं कि अलंकृत लेखन में एक स्वाभाविक भव्यता होती है और रूपक औदात्य में सहायक होते हैं—साथ ही संवेगात्मक और वर्णनात्मक प्रसंग भी उन्हें सहर्ष स्वीकार करते हैं। (7) यह बात मेरे कहे बिना भी स्पष्ट है कि रूपक का प्रयोग भी शैली में अन्य अलंकरणों की भाँति लेखकों को अतिचार का प्रलोभन देता है। विशेष रूप से इन्हीं प्रसंगों के लिए आलोचकों ने प्लेटो की धज्जियाँ उड़ा दी हैं, क्योंकि वह अपनी भाषा के मद में चूर होकर प्रायः अत्यन्त कर्कश और असंयत रूपकों और आडम्बरपूर्ण लाक्षणिक प्रयोगों में बहक जाता है। वह कहता है : 'इस बात पर आसानी से ध्यान नहीं जाता कि एक शहर में शराब के प्याले की तरह मिश्रण होना चाहिए, जिसमें उन्मत्त मदिरा डालते ही उफन उठती है, परन्तु एक-दूसरे गम्भीर देवता के द्वारा संयत किए जाने पर और सत्संग पाने पर वह एक अत्यन्त उत्कृष्ट और मादकताहीन पेय बन जाती है।' पानी को 'एक गम्भीर देवता' और मिश्रण को 'संयमन' कहना, आलोचकों के अनुसार एक ऐसे कवि की भाषा है जो गम्भीरता से बहुत दूर है।

(8) कैकिलिउस ने ऐसे ही दोषों पर उँगली रखकर अपनी रचनाओं में लिसीअस की प्रशंसा करते हुए वस्तुतः यह घोषणा करने का साहस किया कि सब मिलाकर लिसीअस प्लेटो की अपेक्षा अत्यन्त श्रेष्ठ लेखक है। यहाँ वह दो विवेकहीन आवेगों का शिकार हुआ है। यद्यपि वह लिसीअस को स्वयं अपने से भी अधिक प्रेम करता है तथापि लिसीअस के प्रति प्रेम से प्लेटो के प्रति उसकी घृणा कहीं अधिक बढ़ी-चढ़ी है। वह पूर्वाग्रह का शिकार है, और जैसा उसका अनुमान था, उसकी प्रतिज्ञाएँ भी स्वीकृत नहीं हैं। वह अपने वक्ता को इस आधार पर तरजीह देता है कि वह सर्वथा निर्दोष है और कभी गलती नहीं करता, जबकि प्लेटो में भूलें भरी पड़ी हैं। पर हम पाते हैं कि सत्य इससे भिन्न—बहुत भिन्न है।

33

मान लो, हम किसी ऐसे लेखक का उदाहरण लेकर इस बात को स्पष्ट करें जो पूर्णतः निर्दोष हो और आरोपों से परे हो, तो क्या इस सम्बन्ध में यह सामान्य प्रश्न नहीं उठेगा : कविता और गद्य में क्या बेहतर है, कुछ दोषों से युक्त भव्यता या साधारण

स्तर की सही रचना, जो हर तरफ से बिल्कुल ठीक-ठाक और निर्दोष हो? इसके साथ ही हमें आगे यह प्रश्न भी उठाना चाहिए कि साहित्य में अधिक महत्त्व किसका होना चाहिए—गुणों के संख्याधिक्य का या ऐसे गुणों का जो अपने आप में सर्वोच्च हों। ये प्रश्न औदात्य के विवेचन में उपयुक्त हैं और हर दृष्टि से उनका समाधान होना ही चाहिए। (2) मैं यह बात बहुत अच्छी तरह जानता हूँ कि महान प्रतिभा निर्दोषता से बहुत दूर होती है। शीन-काफ़-दुरुस्त होने में ओछेपन का ख़तरा रहता है, जबकि बेशुमार दौलत की तरह बड़ी रचना में भी कुछ-न-कुछ कमी रह जाती है। शायद यह ज़रूरी है कि निम्न और मध्यम प्रकृति के व्यक्ति कभी कोई खतरा मोल नहीं लेते, इसलिए ऊँचाइयों की उपलब्धि को अपना लक्ष्य नहीं बनाते। इसीलिए वे बहुत दूर तक त्रुटियों से मुक्त रहते हैं। जबकि महान प्रतिभाओं के लिए, उनकी महानता के कारण ही बहुत खतरा बना रहता है। (3) मैं इस दूसरी बात से भी अनभिज्ञ नहीं हूँ कि मनुष्य जो भी करे, दृष्टि पहले उसके दोषों की ओर जाती है : दोषों की स्मृति मिटाए नहीं मिटती, किन्तु गुणों की स्मृति टिकाए नहीं टिकती। (4) मैंने स्वयं होमर तथा अन्य महान कवियों में बहुत सी भूलें देखी हैं, और यद्यपि ऐसी भूलें निश्चय ही मेरी अभिरुचि को चोट पहुँचाती हैं, तथापि मैं उन्हें जान-बूझकर की गई भूलों की अपेक्षा ऐसी भूलें कहना चाहूँगा जो आकस्मिक रूप में प्रतिभा की असावधानी और उपेक्षा के कारण रह गई हैं। इन त्रुटियों के बावजूद मैं सोचता हूँ कि उत्कृष्टतर गुणों को हमेशा पहला स्थान देना चाहिए, भले ही रचना में आद्यन्त उनका समस्तरीय निर्वाह न हुआ हो—किसी और कारण से नहीं तो कम से कम उसके आन्तरिक आभिजात्य के कारण ही। उदाहरण के लिए अपोलोनिउस अपनी 'अरगोनफ़्तिकी' नामक रचना में एक निर्दोष कवि के रूप में सामने आता है और इसी प्रकार थेओक्रितुस का गोचारण-काव्य कुछ बाह्य वस्तुओं को छोड़कर अत्यधिक सफल काव्य है, फिर भी क्या तुम अपोलोनिउस की अपेक्षा होमर होना पसन्द नहीं करोगे? (5) इसी प्रकार एरातोस्थेनीस की उस छोटी-सी कविता 'एरिगोन' के बारे में क्या कहोगे? जो पूर्णतः निर्दोष है। क्या इसीलिए तुम उसे अर्खिलोखुस से बड़ा कवि मानोगे, जिसके पास अव्यवस्थित विपुलताओं का भण्डार है, और दिव्य प्रतिभा का ऐसा विस्फोट है जिसे नियमों में बाँधकर रखना कठिन है। इसके अतिरिक्त प्रगीतों में भी क्या तुम पिंदार की अपेक्षा बाख़िलीदिस होना पसन्द करोगे, त्रासदी में सोफ़ोक्लीस की अपेक्षा खिओस का इओन होना पसन्द करोगे! इन दोनों स्थितियों में बाख़िलीदिस और इओन शैलीगत लालित्य में सिद्ध और निर्दोष कवि हैं। दूसरी ओर पिंदार और सोफ़ोक्लीस उस पूरे भूमिभाग को भस्म करते चले जाते हैं, जिसके बीच से वे गुज़रते हैं, पर प्रायः उनकी अग्नि अनोखे ढंग से बुझ जाती है और वे बुरी तरह असफल हो जाते हैं। फिर भी क्या कोई समझदार व्यक्ति इओन की सारी रचनाओं के बदले ईदिपुस की त्रासदी का सौदा करना चाहेगा?

34

यदि रचना की उत्कृष्टता का निर्णय गुणों की महानता के आधार पर न होकर संख्या के आधार पर होने लगे तो हीपेरिदिस को दिमोस्थेनीस की अपेक्षा सर्वथा श्रेष्ठ मानना पड़ेगा। उसमें स्वरों का वैविध्य है और उसके गुणों की संख्या भी कहीं अधिक है। पैन्दथलोन के विजेता की भाँति उसे हर प्रतियोगिता में अच्छा दूसरा स्थान प्राप्त करने वाला कहा जा सकता है। हर प्रतियोगिता में वह पेशेवर विजेता से हार जाता है, किन्तु गैरपेशेवरों में वह प्रथम आता है। (2) हीपेरिदिस ने रचना-विन्यास के कौशल को छोड़कर और सभी गुणों में दिमोस्थेनीस का अनुकरण करने के साथ-साथ लिसीअस के भी सभी गुणों और लालित्य को अंगीकार कर लिया है। जहाँ आवश्यकता होती है, वहाँ वह सहज रूप में बात करता है, दिमोस्थेनीस की भाँति उसकी सभी बातों में एकस्वरता नहीं रहती, साथ ही उसे सादगी और मोहकता युक्त सिद्धि के साथ चरित्र-चित्रण की शक्ति भी प्राप्त है। इसके अतिरिक्त उसके पास वाग्वैदग्ध्य, नागर व्यंग, शिष्ट लालित्य, सूक्ष्म वक्रोक्ति, परिहास, जो न कुरुचिपूर्ण है और न अशिष्ट और जो अथेन्सवासियों के वाग्वैदग्ध्य के सर्वोच्च आदर्शों की परम्परा में है और कुशल व्यंग, पर्याप्त मात्रा में तीखा उपहास, चुटीला मज़ाक और इन सबके साथ अननुकरणीय सम्मोहन का अथक भण्डार है। प्रकृति ने उसे पूरी तरह करुणा उत्पन्न करने और धारावाहिक रूप से कथा कहने तथा वर्णनों के बीच सहज प्रेरणा से अपना मार्ग बना लेने की शक्ति प्रदान की है। साथ ही उसकी प्रतिभा प्रशंसनीय रूप से बहुमुखी है। उदाहरण के लिए उसकी लीतो की कहानी अत्यधिक काव्यात्मक है और उसका अन्त्येष्टि-भाषण प्रदर्शन का अद्वितीय उदाहरण है। (3) दूसरी ओर देमोस्थेनीस में न प्रवाह है और न चरित्र-चित्रण की विशेषता। वह सहजता से बहुत दूर है और कुशलवक्ता भी नहीं है। सामान्यतः कहा जा सकता है, कि ऊपर जिन गुणों की चर्चा की गई है, उसमें उनमें से कोई भी नहीं है। जहाँ वह किसी परिहासमय या वाग्वैदग्ध्य पूर्ण प्रसंग को लिखने के लिए बाध्य होता है, वहाँ स्वयं हास्यास्पद हो जाता है, और जब वह सम्मोहन उत्पन्न करने का प्रयत्न करता है तो उससे और भी दूर हो जाता है। यदि उसने फ़्रीनी या एथीनोगेनिस के विषय में संक्षिप्त भाषण लिखने का प्रयत्न किया होता तो वह हमारी दृष्टि में हीपेरिदिस को और भी अधिक प्रशंसनीय बना देता। (4) फिर भी मैं सोचता हूँ कि हीपेरिदिस में और गुण चाहे जितने अधिक हों पर भव्यता का अभाव है। उसकी रचनाएँ एक गम्भीर समझ से उद्भुत आवेगहीन उक्तियाँ हैं जो अपने श्रोताओं की शांति भंग नहीं करती। उदाहरण के लिए हीपेरिदिस को पढ़कर किसी को त्रास का अनुभव नहीं होता। किन्तु दिमोस्थेनीस जैसे ही 'वह कथा-सूत्र

को उठाता है' महान प्रतिभा के गुणों को उनके सर्वोत्कृष्ट रूप में प्रकट करता है, जैसे सघन औदात्य, जीवन्त संवेग, प्रचुरता, तत्परता, जहाँ अपेक्षित हो वहाँ गति और उसकी अपनी दुर्लभ तीव्रता और शक्ति। वह इन स्वर्ग-प्रदत्त उपहारों के सम्पूर्ण ऐश्वर्य को अपनी बाँहों में झपट लेता है। अतः कहना कुफ़्र होगा कि इन गुणों से वह सभी परवर्ती लेखकों को निरपवाद रूप से पराजित कर देता है। और जिन गुणों का उसमें अभाव है उनकी कमी पूरी करने के लिए वह विश्व-भर के वक्ताओं को अपनी कड़क और कौंध से अवाक् कर देता है। उसके धाराप्रवाह भावोद्‌गार को निष्पलक देखने की अपेक्षा वज्रपात के सामने आँखें खोल देना सरल है।

35

किन्तु जैसा मैंने पहले कहा था, प्लेटो के विषय में एक और अन्तर है। लिसीअस गुणों की उत्कृष्टता और उनकी संख्या में भी प्लेटो की अपेक्षा कहीं हीन है, उसके दोषों की संख्या उसके गुणों की न्यूनता से कहीं अधिक बढ़ी-चढ़ी है। (2) फिर उन देवतुल्य लेखकों के मन में क्या था जिन्होंने लेखन में केवल महानतम को अपना लक्ष्य बनाया और ब्योरेवार यथातथ्यता का तिरस्कार किया? इस विषय में बहुत-सी बातों के अतिरिक्त एक बात यह भी थी कि प्रकृति ने मनुष्य को नीच और अधम गुणों वाले जीवों से भिन्न बनाया है। गोया वह हमें किसी विराट सभा में निमन्त्रित कर रही हो। वहाँ अपनी सृष्टि के दर्शन के लिए और गौरव के उत्सुक प्रतियोगी होने के लिए वह हमें जीवन और जगत में मानों ले आई। जो कुछ हमसे अधिक महान और दिव्य है, उसके प्रति उसने एक अदम्य लालसा हमारे हृदय में भर दी। (3) अतः मानवीय उद्यम के घेरे में कल्पना और चिन्तन की ऐसी शक्तियाँ वर्तमान हैं कि सम्पूर्ण विश्व भी उन्हें परितृप्त नहीं कर सकता। हमारी कल्पना प्रायः दिगन्त को पार कर जाती है। जीवन को चारों ओर से देखो कि कैसे सभी वस्तुओं में असामान्य, महान और सुन्दर का स्थान सर्वोच्च है (4) इस प्रकार तत्काल अपने जन्म का प्रयोजन समझ जाओगे। अतः किसी सहजात प्रवृत्ति के कारण ही हम छोटी धाराओं की प्रशंसा नहीं करते, भले ही वे स्वच्छ और उपयोगी हों, बल्कि हम नाइल, डेन्यूब, राइन नदी और इन सबसे अधिक सागर से प्रभावित होते हैं। हम अपने लिए जो छोटी-सी अग्निशिखा प्रज्वलित करते हैं वह स्पष्ट और स्थिर रहती है, फिर भी हम उसे स्वर्गिक ज्वालाओं की अपेक्षा अधिक संभ्रम से नहीं देखते, जो प्रायः अन्धकारयुक्त होती हैं। न ही हम उसे एटना के ज्वालामुखी से अधिक विस्मयकारी मानते हैं जो अपने विस्फोट में अतल गर्त से बड़े-बड़े पत्थर

एवं बृहदाकार शिलाखण्ड बाहर फेंकता रहता है और कभी-कभी शुद्ध भीमाकार ज्वाला की नदियों को उछाल फेंकता है। (5) पर इन सब विषयों के सम्बन्ध में इतना ही कहूँगा कि जो उपयोगी और आवश्यक है वह तुच्छ होता है, सम्भ्रम का अधिकारी तो हमेशा असाधारण ही होता है।

36

ऐसे प्रतिभाशाली लेखकों का विवेचन करते हुए जिनमें प्राप्त होने वाली भव्यता उपयोगी और हित की सीमाओं में आती है, हमें आरम्भ में ही इस निर्णय पर पहुँच जाना चाहिए कि यद्यपि वे निर्दोषता से बहुत दूर होते हैं, तथापि वे मानवीयता से कुछ ऊँचे होते हैं। अन्य गुण जहाँ अपने अधिकारी को मनुष्य सिद्ध करते हैं वहाँ औदात्य उन्हें ईश्वरीय शक्ति के निकट ले जाता है। निर्दोषता यदि निन्दा से रक्षा करती है तो महानता प्रशंसा भी अर्जित करती है। (2) यह कहने की आवश्यकता नहीं कि इनमें से प्रत्येक लेखक औदात्य और उत्कृष्टता के एक ही स्पर्श से अपने सब दोषों का पुनः-पुनः मार्जन कर लेता है। और अन्ततः निर्णायक बात तो यह होगी कि यदि हम होमर, दिमोस्थेनीस, प्लेटो तथा और सब महान लेखकों के दोषों को चुनकर इकट्ठा करें तो भी वे इन महामानवों द्वारा रचित प्रत्येक पृष्ठ पर पाई जाने वाली उपलब्धियों का दस-सहस्रवाँ भाग भी सिद्ध नहीं होंगे। इसलिए युग-युगान्तर के निर्णय से जिसे ईर्ष्यावश भी गलत नहीं कहा जा सकता उन्हें विजय-किरीट पहनाया गया है, जो उनके अविच्छेद्य अधिकार की तरह सुरक्षित है और जिसके सुरक्षित रहने की सम्भावना भविष्य में तब तक है : 'जब तक नदियों में प्रवाह है, ऊँचे वृक्ष लहलहाते हैं।'

(3) जहाँ तक इस वक्तव्य का प्रश्न है कि 'सदोष कोलोसुस' पोलीतुस द्वारा निर्म्रित कुन्तधर से श्रेष्ठ नहीं है—इसके अनेक स्पष्ट उत्तर हैं। कला में हम निर्दोषता की प्रशंसा करते हैं, तो प्रकृति में भव्यता की, और मनुष्य को वाक्शक्ति का वरदान प्रकृति से प्राप्त हुआ है। हम मूर्ति में मनुष्य का सादृश्य खोजते हैं, पर जैसा कि मैंने पहले भी कहा था साहित्य में हम मानवोपरि गुणों की खोज करते हैं। (4) अब मैं अपने मूल सिद्धान्त पर लौट आऊँ जिससे मैंने निबन्ध का आरम्भ किया था। सामान्य रूप से कहा जा सकता है कि निर्दोषता का गुण सामान्यतः कला से आता है, और उत्कर्ष की चरमसीमा (भले ही वह समरूप न हो) पतिभा[1] से प्राप्त होती है अतः उचित यही है कि कला सदा प्रकृति की सहायक हो; क्योंकि इन दोनों की सहकारिता से ही पूर्णता की सिद्धि हो सकती है। प्रस्तुत प्रश्नों का निर्णय

1. genius/sublimity

करने के लिए इतना कहना आवश्यक था। परन्तु हर व्यक्ति अपनी रुचि के लिए स्वतन्त्र है।

37

पुनः रूपकों पर लौट आएँ। दृष्टान्त और बिम्बविधान उनसे निकट सम्बद्ध हैं। अन्तर केवल इतना ही है...

[पाण्डुलिपि के दो पृष्ठ यहाँ लुप्त हैं।]

38

...ऐसी उक्तियाँ[1] भी उपहासास्पद हैं जैसे 'यदि तुम अपने मस्तिष्क को अपनी एड़ियों तले कुचल कर न चलो।' अतः यह जानना आवश्यक है कि प्रत्येक प्रसंग में सीमा कहाँ निर्धारित की जाए। सीमा का अतिक्रमण करने से कभी-कभी अतिशयोक्ति अलंकार नष्ट हो जाता है। किसी चीज[2] पर बहुत दबाव देने से यह धसक जाती है, और प्रायः अभिप्रेत से ठीक विपरीत प्रभाव डालती है। (2) उदाहरण के लिए इसोक्रैतिस प्रत्येक विषय का बहुत विस्तार से वर्णन करने की महत्त्वाकांक्षा के कारण ही बालेयता का शिकार हो गया। उसकी 'विरुदावली' की विषयवस्तु यह है कि ग्रीस को समृद्ध बनाने में स्पार्टा की अपेक्षा एथेंस का योगदान अधिक है। किन्तु आरम्भ में ही वह कहता है : 'इसके अतिरिक्त शब्दों में वह शक्ति है कि वे महान वस्तुओं को साधारण बना सकते हैं और क्षुद्र वस्तुओं को गौरवशाली बना सकते हैं। वे पुरानी वस्तुओं को नवीनता का जामा पहना सकते हैं और वर्तमानकालीन घटनाओं का पुराकालीन शैली में वर्णन कर सकते हैं।' कोई पूछ सकता है कि 'इसोक्रैतिस, क्या आप इस साधन से स्पार्टा निवासियों[3] और एथेंसवासियों की भूमिकाओं को परस्पर बदलना चाहते हैं?' क्योंकि शब्दों की शक्ति के गुणगान के द्वारा उसने श्रोताओं के सामने यह आरम्भिक विज्ञप्ति प्रकाशित कर दी है कि उस पर भी विश्वास न किया जाए। (3) इसलिए शायद जैसा ऊपर हमने अलंकारों के विषय में कहा था, अतिशयोक्ति का सर्वोत्तम रूप वह होता है जिसमें उसका अतिशयोक्ति होना छिपा रहे और ऐसा तभी होता है जब उसका

1. things/hyperboles
2. thing/hyperbole
3. spartans/lacedaemonians

प्रयोग प्रबल भाव के अनुरोध से, किसी बड़े संकट के प्रसंग में किया जाए। थूकिदीदिस सिसली में मर मिटने वालों का वर्णन करते हुए ऐसा ही करता है। 'सीराकुशवासी नीचे उतर गए और विशेष रूप से उन लोगों का वध करने लगे जो नदी में थे। नदी का जल तत्काल दूषित हो गया परन्तु कीचड़ और रक्त मिल जाने पर भी वे उसे पीते रहे। उनमें से अधिकांश तो फिर भी उसके लिए युद्ध करने को तैयार थे।' कीचड़ और रक्त मिला होने पर भी कोई पेय युद्ध के योग्य विषय हो सकता है, इस बात को केवल परिस्थितियों द्वारा उद्बुद्ध तीव्र भावावेश के कारण ही विश्वसनीय बनाया गया है। (4) यही बात हिरोदोतुस द्वारा थर्मोपीले में लड़ने वालों के वर्णन के विषय में सही है। वह कहता है : 'इस स्थान पर बर्बरों ने कृपाणों से अपनी रक्षा करते हुए (जिनके पास कृपाणें बची थीं) और जो हाथ और दाँतों के द्वारा रक्षा कर रहे थे, उन लोगों को दफना दिया।' यहाँ प्रश्न पूछा जा सकता है कि सशस्त्र आदमियों के विरुद्ध दाँतों से लड़ने या तीरों से दफ़नाए जाने का वास्तव में क्या अर्थ है? फिर भी यह विश्वसनीय है, क्योंकि हिरोदोतुस ने घटना की उद्भावना अतिशयोक्ति के औचित्य-निरूपण के लिए नहीं की बल्कि अतिशयोक्ति ही सहज रूप में घटना से उद्भूत प्रतीत होती है। (5) जैसा मैं सदा से कहता आया हूँ किसी साहसी उक्ति को मृदुल बनाने के लिए सार्वभौम विशेष ऐसी क्रियाओं और अनुभूतियों में पाया जाता है जो अपने साथ प्रायः बहा ले जाने में समर्थ होती हैं।[1] इसी कारण हास्यजनक उक्तियाँ, चाहे वे अविश्वसनीयता की सीमा तक पहुँच जाय, फिर भी युक्तियुक्त प्रतीत होती हैं, क्योंकि उन पर हँसा जा सकता है :

उसका खेत एक स्पार्तानिवासी की चिट्ठी से भी छोटा था।

हास्य निश्चय ही एक ऐसा भाव है जिसका आधार आनन्द है। (6) अतिशयोक्ति की प्रवृत्ति वस्तु को छोटा करने की ओर भी हो सकती है और बड़ा करने की ओर भी। दोनों में समान बात होती है तथ्यों पर दबाव डालना। एक अर्थ में व्यंग्य[2] भी क्षुद्रता की अतिरंजना का नाम है।

---

1. As I am never tired of saying, to atone for a daring phrase the universal specific is found in actions and feelings that almost carry one away/ For (as I never cease to say) the deeds and passions which verge on transport are sufficient penitive and remedy for every audacity of speech.
2. satire/ridicule

39

प्रिय मित्र, औदात्य के जिन तत्त्वों का निर्देश हमने आरम्भ में किया था उनमें से एक अब भी बाकी है। मेरा आशय एक विशिष्ट क्रम में शब्दों की योजना से है। इस प्रश्न पर, दो प्रबन्धों में विस्तारपूर्वक मैं सभी निष्कर्षों को प्रस्तुत कर चुका हूँ। प्रस्तुत प्रसंग में मुझे केवल इतना ही और कहना पर्याप्त है कि लय न केवल अनुनय और आनन्द का सहज साधन होती है बल्कि भव्यता और भाव का भी अद्भुत साधन है। (2) उदाहरण के लिए क्या बाँसुरी अपने श्रोताओं के मन में भाव-संचार नहीं करती? क्या वह उन्हें अपनी स्वर-लहरी में बहा नहीं ले जाती तथा उनमें लोकोत्तर उन्माद नहीं भर देती? वह एक विशिष्ट लयपूर्ण गति का विधान करके अपने श्रोताओं को लय में झूमने के लिए बाध्य कर देती है। श्रोता को बरबस स्वर और लय के अनुसार चलना पड़ता है, भले ही वह संगीत से पूर्णतः अनभिज्ञ हो। ऐसा क्यों होता है? जैसा तुम जानते हो बीन के स्वर स्वयं अर्थहीन होते हुए भी, ध्वनियों की विविधता, पारस्परिक स्वर-स्पन्दन और सुसंगत स्वर समंजन के द्वारा एक अद्भुत जादुई प्रभाव छोड़ते हैं। (3) किन्तु जैसा मैंने पहले कहा था यह मानव-स्वभाव की असली क्रियाएँ न होकर अनुनय के नकली साधन हैं। हमारी मान्यता है कि रचना एक प्रकार की शब्दगत लय है—ऐसे शब्द जो मानव-प्रकृति के अंग हैं और जिनका प्रभाव उसके कानों पर ही नहीं बल्कि सीधे उसकी आत्मा पर भी पड़ता है। यह रचना शब्दों, विचारों, वस्तुओं[1], सौन्दर्य, संगीतात्मक सम्मोहन आदि से सम्बद्ध ऐसे अनेक विचारों को आन्दोलित करती है जो हममें जन्मजात होते हैं और विकसित होते रहते हैं। इसके अतिरिक्त विविध स्वरों के मेल से वह उपस्थित लोगों के हृदय में वक्ता के वास्तविक संवेग का संचार करती है जिससे वे सब जो उसके श्रोता हैं उसमें हिस्सेदार हो सकें। वह एक पर एक वाक्यों के अम्बार से एक भव्य पूर्णता का निर्माण करती है जिसे हम ग्रहण कर सकते हैं। इन्हीं सब साधनों के द्वारा वह हमारे ऊपर एक जादुई प्रभाव डालती है और हमारे मन पर पूर्ण अधिकार कर लेती है। जो ऐश्वर्यशाली, गरिमामय और उदात्त है तथा जिसमें सब कुछ आलिंगित है उसकी ओर हमारे विचारों को प्रवृत्त करती है। इस प्रकार के सामान्य स्वीकृत विषयों पर कोई और सवाल उठाना पागलपन लग सकता है, क्योंकि अनुभव अपने आप में पर्याप्त प्रमाण है। (4) दिमोस्थेनीस ने अपने आदेश के साथ जो विचार संलग्न किया है वह निश्चय ही उदात्त और अद्भुत प्रभाव डालता है : 'इस आदेश से देश पर छाया हुआ संकट बादल की तरह छँट गया।' पर इस वाक्य की गूँज जितनी विचार के कारण है

1. things/deeds

उससे कम लय के कारण नहीं। उसकी अभिव्यक्ति गुरु-लघु के क्रम पर पूर्णतः निर्भर है, जो लय-प्रयोग का भव्यतम रूप है और गरिमा का साधक है। इसीलिए सभी ज्ञात छन्दों में से सर्वश्रेष्ठ वीर छन्द इसी के आधार पर निर्मित है। यदि इस पंक्ति के शब्द विन्यास में किसी प्रकार का परिवर्तन कर दिया जाए, उदाहरणार्थ 'इस आदेश से देश पर बादल की तरह छाया हुआ संकट छँट गया।' या आप इसमें से केवल एक शब्द ही निकाल लें तो आप यह जान जाएँगे कि लय किस प्रकार औदात्य का मेरुदण्ड है। वस्तुतः पंक्ति का सच्चा प्रभाव चार मात्राओं के दीर्घ लय वाले चरण पर निर्भर है। इसमें से एक शब्द निकाल लीजिए, संक्षेपण से तुरन्त भव्यता को क्षति पहुँचेगी। इसी प्रकार यदि इसे लम्बा कर दिया जाय तो अर्थ वही रहने पर भी, कान पर उसका प्रभाव वैसा ही नहीं पड़ेगा, क्योंकि अन्तिम मात्राओं के विस्तार से औदात्य की सुसंहिति और तनाव कम हो जाता है।

40

ऐसे अनुच्छेदों में भव्यता के निवेश में विविध अंगों की रचना से अधिक कोई वस्तु सहायक नहीं होती। यही बात मानव-शरीर के विषय में सही है। किसी अंग का दूसरे अंगों से स्वतन्त्र अपना निजी मूल्य नहीं होता, फिर भी एक दूसरे से मिलकर वे एक पूर्ण अंगयष्टि की रचना करते हैं। इसी प्रकार यदि भव्यता के इन साधक तत्त्वों को अलग कर दिया जाय, तो उनके साथ ही औदात्य हवा में उड़ जाय; किन्तु यदि उन्हें एक क्रम में एकान्वित कर दिया जाय, और उन्हें लय-शृंखलाओं में आबद्ध कर दिया जाय तो वे अपने वर्तुल क्रम के कारण ही जीवन्त हो जाते हैं। कहा जा सकता है कि एक काल-खण्ड में भव्यता अनेक तत्त्वों के सहयोग से उत्पन्न होती है। (2) हमने अनेक रूपों में यह स्पष्ट कर दिया कि गद्य और पद्य के अनेक लेखक, जो स्वभाव से उदात्त नहीं हैं, बल्कि उसके विपरीत हैं, रचना के अधिकांश में, प्रचलित ग्राम्य भाषा का, जो असामान्य भी नहीं होती, प्रयोग करते हुए रचना-शक्ति और शब्द-शिल्प मात्र से गौरव, विशिष्टता तथा भव्यता का प्रभाव सिद्ध कर लेते हैं। उदाहरण के लिए अनेक अन्य लेखकों के अतिरिक्त फ़ीलिस्तुस की रचनाओं में, अरिस्तोफ़ानिस में कहीं-कहीं, और एरीपीदिस में प्रायः सर्वत्र इस बात के उदाहरण मिल जाएँगे। (3) अपनी सन्तति के वध के बाद हीराक्लीस कहता है :

दुःख से भरे हुए इस मन में अब कोई अवकाश कहाँ

यह उक्ति असंदिग्ध रूप से ग्राम्य है, किन्तु वातावरण के उपयुक्त होने के कारण उदात्त हो गई है। यदि आप इस अवतरण को किसी दूसरे ढंग से प्रस्तुत

करें तो पाएँगे कि एरीपीदिस अपने विचारों के कारण नहीं बल्कि रचना के गुणों के कारण कवि है। (4) वृषभ के द्वारा दिरके के टुकड़े किए जाने का वर्णन करते हुए वह कहता है :

और जिधर भी मुड़ जाता वह चक्र-वेग से
जो भी आता हाथ उसी को उठा फेंकता
स्त्री हो, शिलाखण्ड को अथवा बांज वृक्ष हो,
कभी एक को, कभी अपर को

यह विचार अपने आप में सुन्दर है, किन्तु यह इस कारण और अधिक सशक्त हो गया है कि इसमें लय इस प्रकार द्रुत नहीं की गई है मानों रोलर पर दौड़ा दी गई है। बल्कि शब्द परस्पर प्रतिरोध प्रदान करते हैं और विरामों से अवलम्ब लेते हैं। एक स्थायी भव्यता की मुद्रा में वे अपने आपको विन्यस्त करते हैं।

41

एक उदात्त अनुच्छेद के लिए दुर्बल और छिन्न-भिन्न लय से अधिक घातक वस्तु दूसरी नहीं होती। उदाहरण के लिए लघु-लघु, गुरु-लघु और दुहरे गुरु-लघु क्रम से युक्त लय का निपात मात्र नृत्य-संगीत में होता है। सभी अतिलयात्मक अनुच्छेद तुरन्त ही सज्जित मात्र और सस्ते लगने लगते हैं, एकरस तुकबन्दी का प्रभाव सतही होता है और उससे कोई आवेग उद्‌बुद्ध नहीं होता। (2) सबसे बुरी बात तो यह है कि जिस प्रकार गीति-काव्य श्रोताओं का ध्यान क्रिया-व्यापार से हटाकर बरबस अपनी ओर लगा लेता है, उसी प्रकार श्रोताओं पर अति-लयात्मक गद्य का प्रभाव शब्दार्थ का नहीं लय का होता है। कभी तो श्रोता अन्त का पूर्वानुमान कर, पदक्षेप से समय-गणना करते चलते हैं। वक्ता की प्रत्याशा में वे इस भाँति पदन्यास करते हैं मानों नृत्य में भाग ले रहे हों। (3) इसी प्रकार वे अनुच्छेद भी भव्यता से शून्य होते हैं जो बहुत गठे हुए और संक्षिप्त होते हैं, तथा छोटे-छोटे खण्डों और लघु-अक्षरों में विभक्त होते हैं। उनका प्रभाव अनगढ़ रूप में परस्पर कीलों से ठुका सा होता है।[1]

---

1. लोंगिनुस का अभिप्राय सम्भवतः यह है कि यदि वाक्यों में उचित स्थलों पर विराम का प्रयोग नहीं किया जाता तो उनमें आवयविक एकता नहीं आती, और उनका प्रभाव सुरुचिपूर्वक निर्मित काष्ठ-रचना के बजाय अनगढ़ ढंग से ठुकी ऊबड़-खाबड़ वस्तु का सा होता है।

42

अत्यधिक संक्षेप से भी औदात्य का ह्रास होता है। अत्यधिक संक्षेप से भव्यता विकृत हो जाती है। यहाँ संक्षेपण से अभिप्राय समुचित सामासिकता से नहीं बल्कि ऐसी रचना से है जो नितान्त खण्डित और विशृंखल हो। अत्यधिक संक्षिप्तता आशय को अपंग बना देती है जबकि उचित संक्षिप्तता सीधे निशाने पर चोट करती है। इसके विपरीत यह स्पष्ट है कि अतिविस्तृत अनुच्छेद निर्जीव होते हैं; उनका अनुचित विस्तार उन्हें नीरस बना देता है।

43

क्षुद्र शब्दों के प्रयोग से भव्य अनुच्छेद की भयंकर क्षति होती है। उदाहरण के लिए, हिरोदोतुस ने पूरे ब्यौरे के साथ तूफान का अद्‌भुत रूप से प्रभावशाली वर्णन किया है, किन्तु ईश्वर जानता है कि उसमें कुछ ऐसी बातें हैं जो विषय के गौरव के अनुकूल नहीं हैं। उदाहरण के लिए 'समुद्र उबलने लगा', वाक्य में 'उबलना' शब्द इतना कर्णकटु है कि वह औदात्य का पर्याप्त मात्रा में अपहरण कर लेता है। पर इससे भी बदतर प्रसंग वह है जहाँ वह 'हवा' को 'ढीली पड़ गई' कहता है और : 'जो लोग भग्न पोत से चिपके थे, वे दुःखद अन्त की प्रतीक्षा में थे।' 'ढीली पड़ी हुई' शब्द अत्यन्त ग्राम्य और गौरवहीन है और 'दुःखद' इतनी भयंकर दुर्घटना के लिए अनुपयुक्त है। (2) इसी प्रकार थिओपोम्पुस, मिस्र में फारस के राजा के आक्रमण का अत्यन्त अद्‌भुत ढंग से वर्णन करके सम्पूर्ण वर्णन को कुछ हल्के शब्दों के प्रयोग से नष्ट कर देता है : 'एशिया के किस नगर और किस जाति ने अपने दूत राजा के पास नहीं भेजे? कौन-सी ऐसी सुन्दर या मूल्यवान वस्तु है चाहे वह धरती से उत्पन्न हो या कला से निष्पन्न, जो उसके पास उपहार के रूप में न लाई गई हो? क्या वहाँ कुछ बैंगनी, कुछ रंग-बिरंगी, कुछ सफ़ेद चादरें और चोगे, सभी आवश्यक उपकरणों से सज्जित स्वर्ण-मण्डप, अनेक राजसी पहनावे और कीमती आसन्द नहीं थे? इसके अलावा वहाँ चाँदी की तश्तरियाँ और सोने के गढ़े हुए प्याले, कटोरे थे जिनमें से कुछ में तुमने रत्न जड़े हुए देखे होंगे और बाकी किसी दूसरे तरीके से चतुराई से और धन व्यय करके अलंकृत किए गए थे। इनके अलावा वहाँ कुछ ग्रीक और कुछ बर्बर जातियों के शस्त्रों की अनगिनत राशि, असंख्य भारबाही पशु, और वध के लिए खिलाकर पुष्ट किए गए पशु; मसालों के ढेरों डिब्बे और कन्द-मूल तथा अन्य आवश्यक वस्तुओं के बोरे, थैले और पात्र, और हर तरह के नमकीन गोश्त की ढेरियाँ, जो दूर से ही देखने वालों को पहाड़ और टीले प्रतीत

हों।' (3) इस वर्णन में लेखक उदात्त से क्षुद्र की ओर बढ़ता है जबकि वास्तव में उसे उत्तरोत्तर आरोह अपेक्षित था। सारी सामग्री के अद्‌भुत वर्णन के बीच में थैलों, मसालों और बोरों का उल्लेख करके उसने एक बावर्ची की दुकान का प्रभाव छोड़ा है। कल्पना कीजिए, इस अलंकृत दृश्य—सोने के रत्नजटित कटोरों, चाँदी के पात्रों, ठोस सोने के मंडपों और पीने के प्यालों के बीच कोई थैले और बोरे लाकर स्थापित कर दे तो कैसा अशोभन दृश्य उपस्थित होगा। इसी प्रकार ऐसे अशोभन शब्दों का बेमौके प्रयोग वर्णन को कुरूप बना देता है। कहा जा सकता है कि उसे कलंकित करता है। (4) वह जिन्हें ढेर लगे टीले कहता है उनका और शेष सामग्री का भी विस्तृत वर्णन वह इस प्रकार परिवर्तित रूप में कर सकता था : 'विलास और भोजन के आस्वाद की सभी सामग्री से लदे हुए ऊँट और असंख्य भारवाही पशु' या फिर वह कह सकता था : 'हर प्रकार के अन्न और रसोई के लिए सुखी रहन-सहन के लिए सभी ज्ञात सहायक पदार्थों की ढेरियाँ' और यदि वह हर कीमत पर स्पष्ट वर्णन करना चाहता था तो कह सकता था : 'रसोई के लिए आवश्यक सभी स्वादिष्ट पदार्थ।' (5) उदात्त प्रसंगों में हमें तिरस्करणीय और गर्हित भाषा का प्रयोग तब तक नहीं करना चाहिए जब तक अत्यन्त आवश्यक न हो। उचित तो यही है कि हम विषय की गरिमा के उपयुक्त शब्दावली का प्रयोग करें और इस प्रकार मनुष्य की सृष्टि करने वाले कलाकार—प्रकृति का अनुकरण करें। प्रकृति ने हमारे शरीर के लज्जाजनक और मलादि उत्सर्ग करने वाले अंगों को प्रकट नहीं रखा, बल्कि जहाँ तक सम्भव हो सका, उन्हें गुप्त ही रखा है, और जैसा कि क्सेनोफ़ोन का कथन है; सम्पूर्ण शरीर का सौन्दर्य नष्ट होने के डर से प्रकृति ने उन्हें सुदूरतम पृष्ठभूमि में रख दिया।

(6) क्षुद्र शैली के सभी तत्त्वों का परिगणन और वर्गीकरण करने की कोई तात्कालिक आवश्यकता नहीं है। क्योंकि हम पहले ही उन सब गुणों का उल्लेख कर चुके हैं जो हमारी अभिव्यक्ति को भव्य और उदात्त बनाते हैं, अतः यह स्पष्ट है कि उन सबकी विरोधी विशेषताएँ उसे क्षुद्र और कुरूप बनाएँगी।

44

अब स्पष्टीकरण के लिए एक समस्या बाकी है। प्रिय तेरेन्तिआनुस, ज्ञान के प्रति तुम्हारे प्रेम को जानते हुए मैं उसको जोड़ने में संकोच नहीं करूँगा। इस प्रश्न को हाल ही में एक दार्शनिक ने मेरे सामने प्रस्तुत किया था। उसने कहा, 'मुझे इस बात पर आश्चर्य है, जैसा कि निश्चय ही और लोगों को भी है, कि हमारे युग में ऐसी प्रकृति के लोग मिलते हैं जिनमें अनुनयन की क्षमता पराकाष्ठा पर है

और वे सार्वजनिक जीवन के सर्वथा उपयुक्त हैं। वे अत्यन्त चतुर हैं, और बहुमुखी प्रतिभा-सम्पन्न हैं, और साहित्यिक सौन्दर्य[1] पर उनका विशेष अधिकार है। तो भी सही अर्थ में उदात्त और लोकोत्तर प्रतिभाएँ या तो उत्पन्न नहीं होतीं या बहुत कम उत्पन्न होती हैं। हमारे युग में साहित्य का इतना विश्वव्यापी अभाव है। (2) क्या हमें सचमुच इस घिसेपिटे मत पर विश्वास करना होगा कि जनतन्त्र व्यवस्था ही प्रतिभा की धात्री है और सामान्यतः महान साहित्यकारों का उत्थान और पतन जनतन्त्र और केवल जनतन्त्र व्यवस्था के उत्थान और पतन के साथ होता है? कहा जाता है कि स्वतन्त्रता में उदात्त हृदयों में कल्पना के प्रसार और आशा के संचार की शक्ति होती है, और स्वतन्त्रता के साथ ही परस्पर प्रतिद्वन्द्विता की चेतना और उच्चतर पद के लिए व्यग्र स्पर्धा फैलती है। (3) धन्यवाद है एक गणतन्त्र से मिलने वाले उन पुरस्कारों को जिनके कारण एक वक्ता के बौद्धिक गुण अभ्यास से प्रखर हो उठते हैं, और संघर्ष से मानों चमक उठते हैं और, जैसा कि स्वाभाविक ही है, स्वतन्त्रता के उस आलोक के हिस्सेदार बनते हैं जो राज्य को जगमगाता रहता है। किन्तु आजकल हमें बाल्यावस्था से ही न्यायसंगत दासता का पाठ पढ़ाया जाता है। मैं कह सकता हूँ कि हमारे मस्तिष्क को सुकुमार बाल्यावस्था से ही चाटुकारिता के व्यवहारों और तरीकों में बाँधा जाता है। हम कभी साहित्य के उस सर्वाधिक सुन्दर और उर्वर रूप का आस्वादन नहीं करते जो स्वतन्त्रता है अतः हमारी प्रतिभा चाटुकारिता के अतिरिक्त और किसी रूप में व्यक्त नहीं होती। (4) उसके अनुसार यही कारण है कि चाहे दासों को अन्य सभी योग्यताएँ प्राप्त हों, फिर भी कोई दास कभी अच्छा वक्ता नहीं होता। स्पष्ट कथन के प्रति उसका भय, और कारागार के वातावरण तथा प्रहारों के अभ्यास के चिह्न तुरन्त सतह पर प्रकट होने लगते हैं। (5) जैसा कि होमर ने कहा है, 'दासता का एक दिन निश्चय ही हमारे आधे पौरुष को छीन लेता है।' आगे वह लिखता है : 'यदि मैं जो सुनता हूँ, वह सही है तो जिन पिंजड़ों में बौनों को रखा जाता है, वे न केवल अपने कैदियों के विकास को अवरुद्ध करते हैं बल्कि तंग जकड़बन्दी के कारण उनके शरीर सिकुड़ जाते हैं। इसी सिद्धान्त के अनुसार हर प्रकार की दासता को, चाहे वह कितनी भी न्याय-संगत हो मानव-आत्मा के लिए एक पिंजरा, एक कारागार कहा जा सकता है।' (6) फिर भी मैंने उससे कहा कि 'प्रिय मित्र, समसामयिक वस्तुओं में दोष निकालना सरल भी है और मानव-प्रकृति के अनुकूल भी। गर ध्यान दो। शायद महान प्रतिभाओं को भ्रष्ट करने वाला कारण विश्वशांति नहीं है बल्कि यह कभी समाप्त न होने वाला युद्ध ही हमारे हृदयों को रुद्ध कर रखता है, और फिर वे वासनाएँ भी कारण हैं जिन्होंने इस युग में हमारे जीवन को घेर कर उसे तबाह कर दिया है। धन का लोभ, वह अतृप्त लालसा है जिससे

1. literary charm/charms of language

आज हम सभी ग्रस्त हैं। और सुख का प्रेम जिसने हमें अपना दास बना रखा है, बल्कि कहा जा सकता है कि हमारे जीवन को, हमारी आत्मा को अतल गर्त में डुबो रखा है। क्योंकि धन का प्रेम निरन्तर निस्तेज बनाने वाला रोग है और सुख का लोभ सर्वथा हेय है। (7) निश्चय ही, विचार करने पर भी मैं समझ नहीं पाता कि यदि हम अपार सम्पत्ति को मूल्यवान समझते हैं, बल्कि और सच कहा जाय तो उसे देवता बना बैठते हैं तो हम उसके उपजीवी दुर्गुणों से अपनी प्रकृति को कैसे मुक्त रख सकते हैं? कहा जाता है कि अपार और अबाध सम्पत्ति के साथ निकट सहचारी रूप में अपव्यय कदम से कदम मिलाकर चलता है। और जैसे ही कोई भवन और नगर के द्वार खोलता है दूसरे भी वहाँ आकर घर बसा लेते हैं। दार्शनिकों का कहना है कि जब वे हमारे जीवन में कुछ समय बिता लेते हैं तो वे वहाँ नीड़ बनाकर तत्काल सन्तानोत्पत्ति में रत हो जाते हैं, आडम्बर, दम्भ और विलास उनकी जारज सन्तानें न होकर वैध सन्तानें होती हैं। सम्पत्ति की इन सन्तानों को यदि वयस्क होने की अनुमति दे दी जाती है, तो वे शीघ्र ही हमारे हृदय में धृष्टता, अव्यवस्था और निर्लज्जता जैसे कठोर तानाशाहों का पोषण करते हैं। (8) ऐसा होना सर्वथा अनिवार्य है, और उसके बाद मनुष्यों में नज़र ऊपर उठाने की, अथवा यश की लालसा करने की कोई क्षमता नहीं रहती। और इस प्रक्रिया का अन्त कहाँ होता है? क्रमशः उनका जीवन पूर्ण विनाश को प्राप्त होता है, उनकी आत्मा की महानता उनका आदर्श न रहकर अपक्षय से नष्ट होती जाती है। वे उस अंश को मूल्यवान समझते हैं जो नश्वर होने के कारण क्षीण होता जाता है, और अपनी अमर आत्मा के विकास की उपेक्षा करते हैं। (9) एक ऐसा व्यक्ति जिसे उसके निर्णय के लिए घूस दी गई हो, कभी भी किसी न्यायसंगत और उचित विषय पर निष्पक्ष और सही निर्णय नहीं दे सकता क्योंकि घूसखोर निर्णायक अनिवार्यतः अपने स्वार्थ को न्यायपूर्ण और उचित समझता है। यह देखते हुए कि हममें से प्रत्येक का जीवन घूसखोरी, परहिंसा और उत्तराधिकार के लिए षड्यन्त्रों से पूर्णतः परिचालित है, और हमने विलास का दास होने के कारण अपनी आत्माओं को किसी भी मूल्य पर लाभ के लिए बेच दिया है, क्या हम महामारी से ग्रस्त इस जीवन में यह आशा कर सकते हैं कि महान और अनन्त काल तक जीवित रहने वाली वस्तुओं का, पक्षपात तथा भ्रष्टाचार से मुक्त एक भी निर्णायक बचा होगा? क्या हम सभी लाभ की लालसा के कारण भ्रष्ट नहीं हो गए? (10) नहीं, हम जैसे हैं, वैसी स्थिति में हमारे लिए स्वाधीन रहने की अपेक्षा पराधीन रहना ही बेहतर है। यदि हमें पूर्ण स्वतन्त्रता दे दी जाय, तो हम जेल से छूटे कैदियों[1] की तरह व्यवहार करेंगे और पड़ोसियों की सम्पत्ति के प्रति हमारी लोलुपता संसार

1. released prisoners/beasts from a cage

को पापों की बाढ़ में डुबा देगी। (11) मेरा कहना है कि 'वस्तुतः वर्तमान पीढ़ी की आत्मा के क्षय का कारण वह उदासीनता है जिसमें कुछ अपवादों को छोड़कर हम सभी अपना जीवन बिताते हैं। हम केवल प्रशंसा और सुख-भोग की लालसा से ही उत्साहपूर्वक परिश्रम करते हैं, विश्वकल्याण के सम्मान और श्लाघ्य उद्देश्य से नहीं।' (12) इस प्रश्न को अनुमान के लिए छोड़कर अगले प्रश्न पर बढ़ जाना उचित है, जिसका सम्बन्ध आवेगों से है। इस विषय पर मैंने पहले एक स्वतन्त्र प्रबन्ध लिखने का दायित्व उठाया था, क्योंकि मुझे वे सम्पूर्ण लेखन के विषय का महत्त्वपूर्ण अंग लगते हैं, और विशेषकर औदात्य...

[शेष अंश लुप्त है।]

परिशिष्ट

नाम-कोश

शब्द-कोश

नामानुक्रमणिका

नाम-कोश

अज़क्स : यूनान की लोक-प्रचलित कथाओं का नायक—एक विख्यात योद्धा। वीरता में जिसका नाम अखिल्लेस के बाद ही आता है। सोफ़ोक्लीस ने भी उसके सम्बन्ध में एक त्रासदी की रचना की है।

अनाक्रेओन : छठी शताब्दी ई. पू. का प्रसिद्ध यूनानी गीतकार।

अपोलोनिउस : (240 ई. पू.) मिस्र के प्रमुख महाकाव्य 'अरगोनफ़्तिका' का रचयिता। 'पेरि इप्सुस' में अपोलोनिउस की रचना से कोई उद्धरण नहीं दिया गया किन्तु उसका उल्लेख 'निर्दोषता' के आदर्श के रूप में किया गया है।

अम्फ़िक्रतिस : (90 ई. पू.) अथेंस का शब्दाडम्बरप्रेमी अलंकारशास्त्री।

अम्मोनिउस : दूसरी शताब्दी ई. पू.। अलेक्ज़ेण्ड्रिया में अरिस्तारखुस का शिष्य और उत्तराधिकारी

अरस्तू : (384-322 ई. पू.) प्लेटो का शिष्य। सुविख्यात यूनानी दार्शनिक, जिसने ज्ञान-विज्ञान के सभी क्षेत्रों में न केवल अपने युग को प्रभावित किया, बल्कि परवर्ती चिन्ताधारा पर भी उसका प्रभाव अत्यन्त व्यापक रहा। उसके ग्रन्थ आज भी विद्वानों के मध्य अक्षय प्रेरणा का स्रोत बने हुए हैं।

अरातुस : (270 ई. पू.) एक यूनानी कवि।

अरिमसपिआ : छठी शताब्दी ई. पू. के यूनानी कवि अरिस्तेअस की एक कविता।

अरिस्तेअस : (508 ई. पू.) एक कवि जिसने सुदूर उत्तर में स्थित अरिमसपी के सम्बन्ध में तीन खण्डों वाले एक महाकाव्य की रचना की।

अरिस्तोगीतुन : अथेंस का एक प्रसिद्ध नागरिक जिसने ई. पू. छठी शताब्दी में अपने देश को विदेशी दासता से मुक्ति दिलाने की दिशा में बहुत प्रयत्न किया।

अर्खिलोखुस : (सातवीं शताब्दी ई. पू.) यूनानी कवि जिसने काव्य-रचना में अनेक नए छन्दों का समावेश किया। उसकी उपलब्ध कविता में शक्ति और तीव्रता के अनेक प्रमाण मिलते हैं। स्पार्तावासियों ने ग्राम्य दोषों के लिए उसके काव्य की निन्दा करके उसे नगर से निकाल दिया।

इओन : (440 ई. पू.) यूनान का त्रासदीकार जिसने पद्य में शोक-गीत तथा रौद्रस्तोत्र लिखे तथा गद्य में एक इतिहास और यात्रा-विवरण की रचना की।

इलियद : होमर का दूसरा महाकाव्य। इसमें भी 24 खण्ड हैं। जैसा शीर्षक से स्पष्ट है इसमें ईलिउम (त्रिअ) नगर की कथा है। प्रसिद्ध योद्धा अखिल्लेस, अगमेमनोन द्वारा अपमानित होने के कारण क्रुद्ध होकर त्रिअ के युद्ध में भाग लेने से इंकार कर देता है। परिणामतः यूनानी सेना पर तरह-तरह की विपत्तियाँ आती हैं। 'इलियद' अपने काव्य गुण के अतिरिक्त तत्कालीन आचार-व्यवहार, धर्म, कला इत्यादि के विशद वर्णन के लिए महत्त्वपूर्ण है।

इसोक्रैतिस : (436-338 ई. पू.) विख्यात वक्ता जिसकी प्रशंसा उसकी शैली के माधुर्य और सौन्दर्यपूर्ण सरलता के लिए की जाती है। लोंगिनुस ने उसकी 'विरुदावली' से बालेयता के उदाहरण प्रस्तुत किए हैं।

ईदिपुस : प्रसिद्ध त्रासदीकार सोफ़ोक्लीस की विश्वविख्यात त्रासदी 'ईदिपुसरेक्स' का नायक। थीवे का राजा लइउस और रानी जोकास्ता का पुत्र। उसे अभिशाप था कि वह अपने पिता का हत्यारा और माता का पति होगा। कालान्तर में परिस्थितिवश यह अभिशाप प्रतिफलित हुआ और सत्य का ज्ञान होने पर ईदिपुस ने आत्महत्या कर ली।

एक्तुर : राजा प्रिअम और हेक्युवा का पुत्र तथा त्रिअ का सर्वप्रमुख वीर जो यूनानियों के हाथों मारा गया।

एक्रिलाखुस : प्रसिद्ध योद्धा यूलिसिस का चतुर और बुद्धिमान साथी।

एफ़्पोलिस : (पाँचवीं शताब्दी ई. पू.) अथेन्स का एक व्यंगकार जिसने अपने समय के दोषों और अनैतिकताओं पर तीव्र प्रहार किया।

एरातोस्थेनिस : (276-194 ई. पू.) मिस्र का प्रसिद्ध भूगोलशास्त्री। 'एरीगोन' उसका प्रसिद्ध काव्य है जिसकी रचना उसने शोक-गीत के

रूप में की थी। ज्यामिति के क्षेत्र में भी उसकी विशेष देन है। जिसके कारण उसे दूसरा प्लेटो कहा जाता है।

एरीपीदिस : (485-407 ई. पू.) यूनान का प्रसिद्ध त्रासदीकार। कहा जाता है कि उसने 75 त्रासदियों की रचना की थी, जिसमें से अब केवल 19 ही उपलब्ध हैं। प्रेम-भावना की अभिव्यक्ति में वह अप्रतिम है। लोंगिनुस ने उसकी रचनाओं से गुण और दोष दोनों के उदाहरण चुने हैं।

एलिफ़न्तीनि : मिस्र की नील नदी के बीच एक द्वीप पर स्थित नगर।

एस्खिनिस : ई. पू. चौथी शताब्दी का एक वक्ता जिसे दिमोस्थेनीस का प्रतिस्पर्धी समझा जाता था।

एस्खीलुस : (515 ई. पू.) यूनान का सर्वश्रेष्ठ त्रासदीकार जिसके 90 नाटकों में से अब केवल 7 उपलब्ध हैं। विश्वविख्यात नाटक 'अगमेमनोन' और 'बन्दी प्रोमेथिउस' एस्खीलुस की ही रचनाएँ हैं।

ऐकाच : (520 ई. पू.) मिलीतुस का एक इतिहासकार और भूगोलशास्त्री।

ओद्युस्सेइया(ओदेसी) : कवि होमर का महाकाव्य जिसमें 24 खण्डों में ओद्युस्सेफ़्स के त्रिअ-युद्ध के परवर्ती साहसिक कार्यों का वर्णन है।

ओरेस्तिस : एरीपीदिस के एक नाटक का नायक। अगमेमनोन और क्ल्युतेम्नेस्त्रा का पुत्र। उसकी माँ ने अपने एक प्रेमी की सहायता से उसके पिता की हत्या कर डाली। बड़ा होने पर ओरेस्तिस ने अपनी माँ और उसके प्रेमी दोनों को मारकर अपने पिता की मृत्यु का प्रतिशोध लिया।

कल्लिस्थेनिस : (300 ई. पू.) एक प्रसिद्ध इतिहासकार।

कस्सान्द्रा : प्रिअम और हेक्यूबा की पुत्री जिसे अपोलो बहुत प्यार करता था। अपोलो ने उसे वचन दिया था कि यदि वह उसका प्रेम स्वीकार कर लेगी तो वह उसकी मुँहमाँगी मुराद पूरी कर देगा। कस्सान्द्रा ने भविष्य-ज्ञान की माँग की। पर माँग पूरी होते ही उसने अपोलो की प्रणय-याचना को ठुकरा दिया। अतः अपोलो ने उसे अभिशाप दिया कि बात सच होने पर भी कोई उसका विश्वास नहीं करेगा।

कीइक्स : त्रखीनिआ का एक राजा।

कीरुस : ईरान का एक राजा जिसने ग्रीस की सेना का नेतृत्व करते हुए अपने भाई के विरुद्ध विद्रोह किया था। इस युद्ध में

वह 401 ई. पू. में मारा गया। क्सेनोफ़ोन की रचना 'अनाबासिस' में इस युद्ध का वर्णन है।

कैकिलिउस : आगस्टस सीज़र के समय में सिसली निवासी एक भाषण-शास्त्रकार विद्वान और शिक्षक। उसने इतिहास और साहित्यालोचन दोनों पर ग्रन्थ रचना की। वह दिमोस्थेनीस का अंतरंग मित्र था। कैकिलिउस का उदात्त विषयक वह ग्रन्थ जिसकी चर्चा लोंगिनुस ने की है अप्राप्य है।

कोलोसुस : रोदेस की विश्वविख्यात पीतल की मूर्ति जिसका निर्माण ईसा से 300 वर्ष पूर्व हुआ था। इसे बनाने में 12 वर्ष का समय लगा था। इसकी ऊँचाई 105 फुट है और उसके दोनों पैरों के बीच से बड़ा जहाज़ निकल सकता है। इसकी गणना संसार की नौ आश्चर्यजनक वस्तुओं में की जाती है।

क्लीतारखुस : सिकन्दर महान का समसामयिक इतिहासकार।

क्सेनोफ़ोन : (400 ई. पू.) अथेन्स का सुप्रसिद्ध सेनापति, इतिहासकार और दार्शनिक। सुकरात का शिष्य। उसकी बहुत-सी रचनाएँ उपलब्ध हैं, जिनमें इतिहास-ग्रन्थों के अतिरिक्त वह प्रसिद्ध रचना भी है जिसमें उसने सुकरात के दार्शनिक विचारों को बड़ी प्रामाणिकता के साथ प्रभावशाली ढंग से प्रस्तुत किया है।

क्सेरकसीस : पाँचवीं शताब्दी ई. पू. में ईरान का शासक जिसने यूनान पर आक्रमण किया था।

गणतन्त्र : प्रसिद्ध यूनानी दार्शनिक प्लेटो के संवादों में से प्रमुख। यह रचना प्लेटो के दार्शनिक, नैतिक, राजनैतिक तथा सौन्दर्यशास्त्रीय विचारों का प्रतिनिधित्व करती है।

गोर्गिअस : (440 ई. पू.) सिसली में लिओनतीनी का आलंकारिक।

ज़ेफ़्स : यूनानियों का प्रमुख देवता।

जोइलुस : (चौथी शताब्दी ई. पू.) वैयाकरण, जो होमर के चाबुक के रूप में जाना जाता था।

तीमाउस : (चौथी शताब्दी ई. पू.) सिसली का इतिहासकार। अत्यधिक दोषान्वेषी होने के कारण व्यंग से उसका उपनाम 'छिद्रान्वेषी' ही पड़ गया था।

थिओक्रितुस : (280 ई. पू.) यूनानी कवि जिसे गोचारण काव्य का जन्मदाता माना जाता है।

थिओपोम्पुस : चौथी शताब्दी ई. पू. का प्रसिद्ध यूनानी इतिहासकार।

ईसोक्रैतिस का शिष्य। कुछ उद्धरणों को छोड़कर उसकी कोई रचना अलग से नहीं मिलती। लोंगिनुस ने उसकी प्रशंसा प्रभावपूर्ण अभिव्यंजना के लिए की है।

थिओफ्रास्तुस : (372-287 ई. पू.) प्लेटो और अरस्तू का शिष्य जो विद्यापीठ के प्रधान के रूप में 322 ई. पू. में अरस्तू का उत्तराधिकारी नियुक्त होकर जीवनपर्यन्त इस पद पर आसीन रहा।

थीवे के सात शत्रु : एस्खीलुस का एक नाटक जिसमें युद्ध और युद्ध के देवता का चित्रण है।

थूकिदीदिस : (428 ई. पू.) प्राचीन ग्रीस का प्रसिद्ध इतिहासकार तथा शैलीकार।

थ्योदोरुस : (तीसरी शती ई. पू.) गदरवासी अलंकारशास्त्री जिसके शिष्यों में शहंशाह तिवेरुस था।

दिओनीसिउस : यूनानी सुरा-देवता।

दिमोस्थेनीस : (383-322 ई. पू.) ग्रीस का विख्यात वक्ता जिसका महत्त्व होमर, प्लेटो और थूकिदीदिस जैसे लेखकों के समकक्ष माना जाता है।

पिंदरुश (पिंदार) : (522-448 ई. पू.) थीवे का विख्यात कवि। उसकी कविता माधुर्य के साथ भावों के औदात्य, शैलीगत भव्यता, गरिमा तथा पदावली के सौष्ठव के लिए विशेष प्रसिद्ध हुई।

पिनलोपी : यूनान की प्रसिद्ध राज-युवती और यूलिसुस की पत्नी।

पेलोपोनिसुस : ग्रीस का धुर दक्षिणी भाग।

पोलीक्लीतुस : (232 ई. पू.) प्रसिद्ध मूर्तिकार जिसकी मूर्तियाँ अपनी निर्दोषता के लिए विख्यात हैं।

पोस्तुमिउस / तेरेन्तिआनुस : एक सुशिक्षित रोमन विद्वान जिसे मित्र रूप में सम्बोधित कर लोंगिनुस ने 'पेरि इप्सुस' की रचना पत्र-शैली में की है। विशेष विवरण अज्ञात है।

प्लतोन (प्लेटो) : (427-347 ई. पू.) सुकरात का प्रमुख शिष्य। अथेन्स का विश्वविख्यात दार्शनिक। साहित्य-रचना का आरम्भ कविता और नाटक-रचना से किया। बाद में सुकरात के प्रभाव से इस साहित्य को नष्ट कर दिया। सुकरात के दुखद अन्त के उपरान्त समस्त यूनान का भ्रमण किया और लौटकर अथेन्स में अपने विश्वविख्यात विद्यालय की स्थापना की, जहाँ देश भर के यशस्वी विचारक एकत्र होते थे। यहीं प्लतोन ने अपने सभी विश्वविश्रुत संवादों की

रचना की जिनसे पश्चिम में कला और दर्शन, राजनीति, गणित तथा अनेक अन्य ज्ञान-सरणियों के क्षेत्र में गंभीर चिन्तन की नींव पड़ी। उसकी सबसे प्रसिद्ध रचना है 'गणतन्त्र' और सबसे प्रसिद्ध शिष्य अरस्तू।

फ़ाएथोन : सूर्य का एक पुत्र।

फ्रीलिस्तुस : (386 ई. पू.) सिराकुस निवासी इतिहासकार। लोंगिनुस ने इसका उल्लेख एरीपीदिस और अरिस्तोफ़ानिस के साथ उस रचना-कौशल के लिए किया है जिससे साधारण भाषा में भी विशिष्टता और भव्यता उत्पन्न होती है।

फ्रीनीखुस : (512-476 ई. पू.) यूनानी त्रासदीकार जिसके नाटकों में न समुचित नाटकीय व्यापार होता था और न चरित्र-विकास। उसके नाटक 'मिलेतुस की पराजय' से अथेंस के नागरिक इतने दुःखी हुए कि उसे जुर्माना देना पड़ा।

बाख़िलीदिस : (475 ई. पू.) यूनान का गीतकार जिसने प्रशस्तियों और गीतों की रचना की है परन्तु पिंदरुश (पिंदार) को उसकी तुलना में श्रेष्ठ माना गया है।

मत्रिस : (समय अनिश्चित, लगभग 200 ई. पू.) थीवे का अलंकारशास्त्री।

मरथोन : अथेन्स से 22 मील दूर ग्रीस का मैदान जहाँ 490 ई. पू. में ईरानी और ग्रीक सेनाओं के बीच युद्ध हुआ था और उस युद्ध में ग्रीक योद्धाओं ने ईरानियों को पराजित किया था।

मीदिअस : दिमोस्थेनीस का समकालीन धनी विपक्षी।

मेरोए : एथिओपिया का एक नगर।

योकास्ती : ईदिपुस की माँ जो बाद में शापवश उसकी पत्नी बनी।

लिसीअस : 400 ई. पू. का प्रसिद्ध यूनानी वक्ता जो अपनी शैली की सरलता और शुद्धता के लिए विख्यात है। लोंगिनुस ने निर्दोष साधारण रचना की तुलना में सदोष महान रचना को श्रेष्ठ बताते हुए उदाहरण के रूप में प्लेटो और लिसीअस की शैलियों की तुलना की है।

सरपेदोन : जुपिटर का पुत्र। त्रिअ युद्ध में प्रिअम की सहायता के लिए गया था और बहुत से शत्रुओं का नाश करने के उपरान्त मारा गया।

सिमोनीदिस : (556-468 ई. पू.) सिओस का कवि जिसने अपनी एक

लम्बी कविता में, जो अब अप्राप्य है, अखिल्लेस के प्रेत का बड़ा विशद वर्णन किया है।

सिसरो : (106-43 ई. पू.) रोम का विख्यात राजनीतिज्ञ, वक्ता और साहित्यकार। अनेक युद्धों में भाग लिया। सीज़र की मृत्यु के बाद एंटनी का विरोध करने के कारण एंटनी द्वारा मरवा डाला गया। विशाल ग्रन्थ-राशि का प्रणेता और विशिष्ट प्रकार की गद्य-शैली का प्रवर्तक।

सुकरात : (469-369 ई. पू.) यूनान का महानतम दार्शनिक, मनीषी और शिक्षक। अदम्य निर्भीकता, सत्यप्रियता और साहस के कारण तत्कालीन अधिकारियों के रोष का शिकार हुआ और उसे विषपान द्वारा मृत्युदण्ड भोगना पड़ा। सुकरात के जीवन और सिद्धान्तों के विषय में जानकारी के प्रमुख स्रोत उनके दो प्रधान शिष्यों—प्लेटो और क्सेनोफ़ोन की रचनाएँ हैं।

सैफ़ो : (लगभग 600 ई. पू.) यूनानी कवयित्री जो अपने सौन्दर्य, काव्य-प्रतिभा और प्रणय-निष्ठा के लिए विख्यात है। उसने गीति-काव्य के 9 ग्रन्थों तथा कुछ अन्य कविताओं की रचना की। मृत्यु के बाद उसके नाम पर मन्दिर बनाए गए और उसकी आकृति सिक्कों पर अंकित की गई।

स्तैसिख़ोरुस : (640-555 ई. पू.) हिमीरा का गीतकार। अर्ख़िलोखुस के समान ही होमर का अनुकर्ता।

हिरोदोतुस : (440 ई. पू.) यूनान का प्रमुख इतिहासकार। इतिहास के क्षेत्र में उसका स्थान वही है जो काव्य के क्षेत्र में होमर का और वक्तृता के क्षेत्र में दिमोस्थेनीस का। 'पेरि इप्सुस' में हिरोदोतुस की रचनाओं का प्रयोग गुण और दोष दोनों के निरूपण के लिए किया गया है। पर कुल मिलाकर वह लोंगिनुस की प्रशंसा का अधिकारी ही अधिक है।

हिसीओद : (समय अनिश्चित, सम्भवतः आठवीं शती ई. पू.) वह पहला यूनानी कवि था जिसने अपनी कविता के विषय पुराणों के अतिरिक्त अन्य क्षेत्रों से चुने थे।

हीगेसिअस : (270 ई. पू.) मेगनीशिया का शब्दाडम्बर प्रेमी अलंकारशास्त्री।

हीपेरिदिस : ई. पू. चौथी शताब्दी का अथेंसवासी वक्ता। सुकरात और प्लेटो का शिष्य।

होमर : 'इलिअद' (इलियड) और 'ओद्युस्सेइया' (ओदेसी) जैसे

विश्वविख्यात महाकाव्यों का रचयिता प्रख्यात यूनानी कवि। उसका काल अनिश्चित है परन्तु सामान्य मान्यता है कि वह ई. पू. नवीं शताब्दी के लगभग हुआ होगा। अपने काव्य के औदात्य, सौन्दर्य, माधुर्य और शक्ति के कारण उसकी गणना विश्व के श्रेष्ठतम आदिकवियों में की जाती है।

शब्द-कोश

अतिरंजना	exaggeration
अतिलयात्मक अनुच्छेद	rhythmical passages
अतिविस्तृत अनुच्छेद	prolic passages
अतिशयोक्ति	exaggeration, hyperbole
अननुकरणीय-सम्मोहन	inimitable fascination
अनुनयन	persuation
अनुपात	proportion
अनुभाव	symptoms
अनुभूतियाँ	feelings
अन्तर्निष्ठ-प्रतिभा	inherent-genius
अन्त्येष्टि-भाषण	funeral-oration
अभिधात्मक कथन	literal expression
अभिव्यंजक	expressive
अलंकार	figures
अलंकृत	flowery
अलंकृत प्रभाव	ornamental effect
अलंकृत लेखन	figurative writing
असंगत प्रक्षेप	illogical interpolations
असंयत रूपक	intemperate metaphor
आडम्बर	redundance
आडम्बरपूर्ण	affected
आडम्बरपूर्ण लाक्षणिक प्रयोग	allegorical bombast
आत्मातिक्रमण	transport
आलंकारिक युक्तियाँ	rhetorical devices
आलंकारिक शैली	mataphorical style
आवयविक समग्रता	organic whole
आवेग	emotion, passion

आवेग का बवंडर	whirl wind of passion
आवेगपूर्ण	emotional
आवेगहीन	dispassionate
उत्कर्ष	elevation
उत्कर्ष की चरम सीमा	height of excellence
उत्तेजना	excitement
उदात्त	elevated, grand, noble, sublime
उदात्त अभिव्यक्ति	sublime expression
उदात्त भाव	lofty emotion
उदात्त सघनता	sublime intensity
उन्नयन	elevation
उपसंहार	epilogue
उपाख्यान	episodes
ऊँचाई	elevation
ऊर्जा	vigour
एकरस तुकबन्दी	monotonous jingle
एकस्वर	monotonous
ऐश्वर्यशाली	majestic
ओजस्विता	nervous force
करुणा	commiseration
कुशल व्यंग	clever satire
कृति	composition
क्लासिकी स्पर्श	classical flavour
क्षुद्रता	pettiness, triviality
क्षुद्र शैली	mean style
गम्भीर विचार	weighty thoughts
गरिमा	dignity, weight
गर्हित	contemptible
गुण	merits, virtues
ग्राम्य	colloquial
ग्राम्य-उक्ति	vulgar phrase
ग्राम्य भाषा	vulgar language
चरित्र-चित्रण	character study, characterisation
चिन्तन	contemplation

छिन्न-भिन्न लय	agitated rhythm
जीवन्त संवेग	living emotion
तर्क	arguments
तर्कसंगत	convincing
तिरस्करणीय	sordid
तीखा उपहास	pointed ridicule
तीव्रता	vehemence
तुच्छता	triviality
त्रासदी	tragedy
त्रासदीय ढाँचा	tragic mould
दिव्य आवेश	divine afflatus
दृष्टान्त	illustration
दैवी प्रेरणा	divine afflatus
दोष	faults, vices
नागर व्यंग	urbane sarcasm
नाटकीय क्रिया-व्यापार	dramatic action
नायक	hero
निर्जीव	frigid
निर्दोष	immaculate
निर्दोषता	accuracy, correctness
नैसर्गिक प्रतिभा	natural genius
पण्डिताऊ	pedantic
पण्डिताऊ दृष्टि	academic attitude
पद-रचना	diction
पद-रचना का आभिजात्य	nobility of phrase
परिहास	jest
पर्यायोक्ति	periphrosis
पारस्परिक स्वर-स्पन्दन	mutual pulsation
पुनरुक्ति अलंकार	figures of repitition
पुष्ट-विचार	full blooded ideas
प्रकृत दर्शन	natural philosophy
प्रगीत	lyrics
प्रतिभा	genius
प्रदर्शनात्मक प्रसंग	show passages

प्रबन्ध	treatise
प्रबल भावावेग	vehement emotion
प्रशस्ति	eulogy
प्रश्नोत्तर अलंकार	figures of question & answer
प्रेरणा	inspriration
बकवास	garrulity
बहुमुखी प्रवाह की तीव्रता	versatile rapidity
बिम्ब	images
बिम्बविधान	imagery, metaphor
ब्यौरेवार यथातथ्यता	detailed accuracy
भयंकर	terrible
भयावह	awe-inspiring, terrible fearful
भव्यता	grandeur
भव्य प्रेरणा	lofty inspiration
भव्य शैली	grand style
भाव-दीप्ति	passionate glow
भावात्मक शक्ति	emotional power
भावुक वक्ता	emotional orator
भाषण	rhetoric, oration, oratory
भाषण की बुनावट	texture of speech
मन की उच्चता	nobility of mind
मनोरम उन्माद	fine frenzy
मोहकता	charm
यथार्थ	reality
यथार्थता	actuality
युक्तियाँ	arguments
योजक शब्दों का लोप	asyndeton
राजसी गरिमा	stately dignity
रूपक	metaphor
रूपकात्मक	allegorical
रूप-परिवर्तन	variation
रोमांस	romance
लयपूर्ण गति	rhythmic movement
ललित	elegant

लालित्य	elegance, grace
लोकोत्तर उन्माद	divine frenzy
लोकोत्तर प्रतिभाएँ	transcendent natures
वक्ता	orator
वक्रोक्ति	iorny
वाक्स्फीतिपूर्ण	high flautin
वागाडम्बर	bombast, tumidity
वाग्वैदग्ध्य	polished wit
वाग्वैदग्ध्यपूर्ण वार्ताएँ	witty speeches
विचारालंकार	figures of thought
विपर्यय	inversion
विषयान्तर	digression
विसंवादी	discordant
विस्तारणा	amplification
वीरत्व व्यंजक विषयवस्तु	heroic theme
शक्ति	energy, force, power
शपथोक्ति	adjuration
शब्दगत लय	melody in words
शब्द-समृद्धि	elaborated diction
शब्दाडम्बर	frigidity
शब्दाडम्बरपूर्ण	bombastic
शब्दालंकार	figures of speech
शिष्ट लालित्य	well-bred elegance
शैली के तत्त्व	elements of style
संक्षेप	brevity, conciseness
संगीतात्मक सम्मोहन	musical charm
संचयन	accumulation
संधिस्थल	isthmus
संभ्रम	wonder
संयम	temperance
संयोजक तत्त्व	constituent elements
संयोजक पद	connecting particles
सघनता	intensity
सच्चा भाव	genuine emotion

सच्चा वक्ता	genuine orator
सजीव प्रभाव	vivid effect
सजीव वर्णन के अलंकार	figures of vivid presentation
सजीव वास्तविकता	vivid actuality
सपाटता	flatness
समवेदना	commiseration
समस्तरीय औदात्य	consistent sublimity
समाख्यान	narrative
समानुपाती संरचना	coherent structure
समारोह सम्बन्धी भाषण	ceremonial speech
सम्बोधन	apostrophe
सर्जनात्मक कौशल	inventive skill
सशक्त संवेगराशि	violent emotion
सहज प्रेरणा	facile inspiration
सहजात	conjenital
सहजात प्रवृत्ति	natural instinct
सादृश्य	analogy
सार अलंकार	climax
सार्वभौम विशेष	universal specific
साहसिकता	audacity
सुरुचिपूर्ण भाषा	elegant language
सुसंगत स्वर समंजन	harmonious blending
स्वाभाविक भव्यता	natural grandeur
हर्षोन्माद	ecstacy
हास्य	laughter
हास्यजनक	comic
हास्यास्पद	ridiculous
हेत्वाभास	fallacy

नामानुक्रमणिका

डॉ. निर्मला जैन

जन्म : दिल्ली, 1932

शिक्षा : एम.ए., पी-एच. डी., डी. लिट्, दिल्ली विश्वविद्यालय।

अध्यापन : 1956 से 1970, स्थानीय लेडी श्रीराम कॉलेज में हिन्दी विभागाध्यक्ष। 1970-81, दिल्ली विश्वविद्यालय, (दक्षिण परिसर) हिन्दी विभाग में रीडर।

1981-84, हिन्दी विभाग, दिल्ली विश्वविद्यालय में प्रोफेसर एवं अध्यक्ष।

1984-96 तक प्रभारी प्रोफेसर, दिल्ली विश्वविद्यालय (दक्षिण परिसर)

सम्प्रति : सेवा-निवृत्त।

प्रकाशन : 1962 से अनेक मौलिक ग्रंथों की रचना, अनुवाद और सम्पादन।

प्रमुख रचनाएँ : आधुनिक हिन्दी काव्य में रूप-विधाएँ, रस-सिद्धांत और सौंदर्यशास्त्र, आधुनिक साहित्य : मूल्य और मूल्यांकन, हिन्दी आलोचना की बीसवीं सदी, आधुनिक हिन्दी काव्य : रूप और संरचना, पाश्चात्य साहित्य-चिंतन, कविता का प्रति संसार, कथाप्रसंग-यथाप्रसंग।

अनुवाद : उदात्त के विषय में, बंगला साहित्य का इतिहास, समाजवादी साहित्य : विकास की समस्याएँ, साहित्य का समाजशास्त्रीय चिंतन, भारत की खोज, एडविना और नेहरू।

संपर्क : ए-20/17, कुतुब एन्कलेव, फेज-1, गुड़गाँव-122002 (हरियाणा)